Veronika Pichl

KEINE LUST ZU KOCHEN

Das Kochbuch

Veronika Pichl

KEINE LUST ZU KOCHEN

Das Kochbuch

Einfache und kreative
Express-Rezepte für jeden Tag

Alles in unter
30 Minuten
fertig

riva

Bibliografische Information der Deutschen Nationalbibliothek
Die Deutsche Nationalbibliothek verzeichnet diese Publikation in der Deutschen Nationalbibliografie. Detaillierte bibliografische Daten sind im Internet über http://dnb.d-nb.de abrufbar.

Für Fragen und Anregungen
info@rivaverlag.de

Originalausgabe
1. Auflage 2023

Türkenstraße 89
80799 München
Tel.: 089 651285-0
Fax: 089 652096

Redaktion: Ulrike Reinen
Umschlaggestaltung: Sonja Vallant
Umschlagabbildungen: Stephanie Just
Satz: inpunkt[w]o, Wilnsdorf (www.inpunktwo.de)
Druck: Florjancic Tisk d.o.o., Slowenien
Printed in the EU

ISBN Print 978-3-7423-2425-2
ISBN E-Book (PDF) 978-3-7453-2183-8
ISBN E-Book (EPUB, Mobi) 978-3-7453-2182-1

Wir produzieren nachhaltig
www.m-vg.de

Weitere Informationen zum Verlag findest du

www.rivaverlag.de

Beachte auch unsere weiteren Verlage unter www.m-vg.de

INHALT

Einfache und leckere Blitzrezepte in weniger als 30 Minuten

Ausgewogen und lecker kochen, ohne dafür stundenlang in der Küche stehen zu müssen und ohne großen Aufwand – geht das? Aber klar doch! Mit den richtigen Rezepten lassen sich kreative und abwechslungsreiche Gerichte auf den Tisch bringen.

In diesem Buch findet sich eine umfangreiche Mischung an leckeren Rezepten, die schnell zubereitet sind und eine schmackhafte Abwechslung in die Küche bringen. Die Rezepte sind nicht nur für erfahrene Köche geeignet, sondern auch für Kochanfänger ganz leicht umzusetzen.

Zudem gibt es hilfreiche Tipps zum Zeitsparen sowie eine kluge und vorausschauende Planung in der Küche und beim Kochen. So kann beispielsweise während des einen Zubereitungsschritts (wie Wasser erhitzen oder Nudeln kochen) mit einer guten Organisation in dieser Wartezeit bereits etwas anderes erledigt werden.

Empfehlenswert für die schnelle Zubereitung ist übrigens auch, ein paar wichtige Grundzutaten immer in der Küche vorrätig zu haben. So lässt sich vermeiden, wegen Kleinigkeiten noch mal einkaufen gehen zu müssen.

Mit den Rezeptideen aus diesem Kochbuch bringst du leckere Gerichte ganz schnell und unkompliziert auf den Tisch – auch wenn du keine Lust zum Kochen hast. Dank der großen Vielfalt an Rezepten ist für jeden Geschmack etwas dabei!

Schneller als der Lieferdienst – so geht's

Wer kennt das nicht? Ein stressiger Alltag in Beruf, Uni oder Familie lässt wenig Zeit, um in der Küche zu experimentieren oder um stundenlang am Herd zu stehen. Dennoch mag man es gerne frisch, lecker und abwechslungsreich. Am Ende wird dann oft wieder der Lieferdienst angerufen, einfach, weil die Zeit für die Zubereitung eines leckeren Rezeptes fehlt. Schade eigentlich!

Dabei kann es mit ein bisschen guter Planung ganz wunderbar gelingen, in unter 30 Minuten ein wirklich schmackhaftes Gericht auf den Tisch zu stellen, was allen Ansprüchen genügt. Hier erfährst du, wie das problemlos klappt!

Die richtige Planung

Das Wichtigste in der Küche ist es, den Fokus auf die richtige Planung zu legen. Denn diese ist, wie immer, wenn die Zeit knapp ist, das A und O. Auch in der Küche! Eine gute Planung spart nicht nur Zeit, sondern zudem auch noch Geld und Stress. Mahlzeiten können im Idealfall vorausschauend für die kommende Woche geplant und die benötigten Lebensmittel entsprechend eingekauft werden. Wer schon im Voraus die Rezepte sowie die Zutaten parat hat, erspart sich eine Menge Zeit.

Wenige Zutaten und trotzdem voller Geschmack

Bei der schnellen Küche sollte der Fokus auf Rezepte mit wenigen Zutaten gelegt werden, die zudem auch schnell zubereitet sind. Umfangreiche oder ausgefallene Rezepte können stattdessen lieber am Wochenende ausprobiert werden, wenn mehr Zeit vorhanden ist. Im stressigen Alltag ist es einfacher, auf Gerichte zurückzugreifen, die keine langen Zutatenlisten erfordern und deren Grundzutaten bereits zu Hause vorrätig sind.

Pasta, Reis und Gemüse

Die Rezepte in diesem Buch basieren auf Lebensmitteln, die sich durch eine schnelle Gar- oder Zubereitungszeit auszeichnen: Pasta, Couscous, Schnellkochreis, klein geschnittenes Gemüse, aber auch mal Gnocchi aus dem Kühlregal. Bei diesen Rezepten spielt es keine Rolle, wenn wirklich nur wenig Zeit zur Verfügung steht. Auch dann lässt sich in diesem Buch ein leckeres Gericht finden, das schnell und unkompliziert zubereitet werden kann – und das sogar auch schon mal in nur 10 bis 15 Minuten! Lass dich von der Fülle der verführerischen Rezepte inspirieren und probiere die verschiedenen Gerichte einfach einmal aus. Kein Rezept braucht mehr als 30 Minuten, die meisten brauchen sogar deutlich weniger!

Schnelle Küche – Vorbereitung und Praxis

1. Kochplan erstellen

Die meisten können sich überhaupt nicht vorstellen, eine Woche lang im Voraus zu planen, was sie kochen und essen sollen. Dabei ist genau das ein wichtiger Bestandteil der schnellen Küche. Wenn du dich grundsätzlich einmal in der Woche hinsetzt und die Rezepte für die folgende Woche zusammensuchst, geht es viel schneller mit dem Kochen, weil die lästige Frage »Was koche ich nur?« entfällt.

Beim Erstellen der Liste kannst du zum einen deinen Kühlschrankinhalt berücksichtigen, zum anderen gleich die Einkaufsliste erstellen. Idealerweise schreibst du den Kochplan einen oder zwei Tage, bevor der Großeinkauf ansteht. Bei jedem Gericht wird vermerkt, was fehlt, und diese Zutaten kommen dann auf die Einkaufsliste. Einfach und effektiv! Da du nun alles Nötige zur Verfügung hast und weißt, was du an welchem Tag essen möchtest, kannst du beim Kochen dann ganz schnell durchstarten.

2. Die richtige Lagerhaltung

Wer eine schnelle und unkomplizierte, aber dennoch abwechslungsreiche und leckere Küche bevorzugt, der sollte unbedingt darauf achten, genügend Vorräte zu haben. Folgende Lebensmittel eignen sich sehr gut für die schnelle Küche:

Getreidevorrat

- Nudeln
- Couscous
- Quinoa
- Schnellkochreis
- Polenta
- Haferflocken

Im Kühlschrank bzw. kühl gelagert

- Schupfnudeln
- bereits gekochte Nudeln
- Blätterteig, Flammkuchen- oder Pizzateig
- Milchprodukte wie Milch, Quark, geriebener Käse, Sahne, Schmand
- Fleisch und Wurst nach Geschmack
- Salate
- Babyspinat, Zucchini, Möhren, Paprika

Nüsse, Kerne und Saaten

- Walnüsse
- Cashewkerne
- Mandeln
- Pinienkerne
- Leinsamen
- Chiasamen

Konserven

- stückige Tomaten
- Kokosmilch
- gekochte Kidneybohnen oder andere Bohnen
- Kichererbsen
- Erbsen, Mais etc.

In der Tiefkühltruhe/im Gefrierfach

Tiefkühlwaren wie Beeren oder Mango, Gemüse und Kräuter sind oft sogar nährstoffreicher als bereits länger abgelagerte »frische« Ware im Supermarkt. Die Lebensmittel sind im Gefrierfach lange haltbar, und man spart sich das »Schnibbeln« der Lebensmittel. Außerdem kann zum Beispiel Hackfleisch in größeren Mengen gekauft und dann portionsweise eingefroren werden.

Diese Liste lässt sich nach Geschmack beliebig erweitern.

Auf **happyfitfood.de/keinelustzukochen** findest du unter anderem eine Checkliste mit Basiszutaten für den Vorrat sowie eine Wochenplanvorlage zum Planen deiner Mahlzeiten und deines Lebensmitteleinkaufs.

3. Das Kochen vorbereiten

Wem ist es noch nicht passiert: Man überfliegt das Rezept nur kurz, fängt an zu kochen und stellt fest, dass man einen entscheidenden Schritt übersehen hat. Daher gilt grundsätzlich: Bevor man mit dem Kochen anfängt, sollte das Rezept genau gelesen werden. Erst dann kann es richtig losgehen.

Außerdem ist es hilfreich, vor dem Kochen die benötigten Zutaten bereitzustellen – das kann Küchenchaos verhindern, beispielsweise dass etwas anbrennt, während man noch nach Zutaten sucht.

4. Zeit beim Aufkochen sparen

Wenn du keinen Induktionsherd hast, dann kochst du das Wasser am besten mit einem Wasserkocher auf und füllst es danach in den Topf um. Das erspart erstaunlich viel Zeit. Ganz wichtig: Immer mit Deckel auf dem Topf kochen, auch das spart Zeit und wertvolle Energie.

5. Wartezeiten oder Garzeiten nutzen

Wenn zum Beispiel Pasta auf dem Speiseplan steht, kann man während der Kochzeit der Nudeln bereits die Soße zubereiten. Allerdings will auch das geplant werden – nicht dass die Nudeln längst fertig sind und die Soße ist noch nicht mal erwärmt.

6. Wichtige Küchenhelfer

Wer auf eine schnelle und effektive Küche Wert legt, sollte über einige Küchenhelfer verfügen. Natürlich lässt sich alternativ auch alles von Hand erledigen, ist aber eben zeitintensiver.

Pürierstab

Mit einem Pürier- oder Zauberstab lassen sich Suppen oder Soßen ganz fein pürieren.

Zerkleinerer

Wer viel Gemüse schnippelt, braucht dafür Zeit. Einfacher und schneller geht es mit einem Gemüseschneider, einer Raspel und/oder einem Zerkleinerer. Wer kleine Kinder hat, kann das Gemüse damit so klein schneiden, dass es in der Soße gar nicht mehr wirklich auffällt.

Es gibt zahlreiche Modelle für den jeweils unterschiedlichen Bedarf: Küchenmaschine mit verschiedenen Einsätzen, Häcksler, Raspel, Reiben und noch einige mehr. Hier muss man ein bisschen herumprobieren, bis man seinen persönlichen Favoriten gefunden hat. In jedem Fall lohnt sich so eine Anschaffung, vor allem, wenn es sich um ein hochwertiges, leicht zu bedienendes Gerät handelt.

Hochleistungsmixer

Auch ein Hochleistungsmixer kann sich in der Anschaffung lohnen – damit lässt sich im Handumdrehen quasi alles zerkleinern. In wenigen Sekunden schaffen solche Geräte Aufstriche, Eis, Rohkostsalate, Suppen, Smoothies und mehr.

7. Auf Vorrat zubereiten

Auch damit kann eine Menge Zeit gespart werden: Einige Dinge können prima schon im Voraus einfach in doppelter Menge zubereitet und dann eingefroren oder im Kühlschrank aufbewahrt werden. Dazu zählen Soßen für Nudeln, Eintopfgerichte, Reis, Couscous oder Kartoffeln. Beim nächsten Mal Kochen geht es dann deutlich schneller, da man beispielsweise die Beilage nur aufwärmen muss.

8. Schnell auftauen

Mal wieder vergessen, die einzelnen Komponenten für das Gericht aufzutauen? Schneller geht es in einer Schüssel mit heißem Wasser. Noch besser: Gezielt einfrieren. So lassen sich flache Beutel deutlich schneller auftauen als dicke, voluminöse Beutel oder Behälter.

9. Im Handumdrehen Pizza oder Flammkuchen zubereiten

Selbst gemachter Pizzateig ist zwar etwas Leckeres, der Hefeteig braucht aber eine gewisse Ruhezeit. Schneller geht es, wenn man stattdessen einfach auf fertigen Pizzateig, Flammkuchenteig oder Blätterteig zurückgreift. Der Belag ist schnell gemacht, und während die Pizza oder das Gebäck im Backofen ist, kann man auch noch einen leckeren Salat zubereiten.

10. Schneller kochen

Auf die Größe kommt es an! Logisch, dass große Kartoffeln oder Gemüsestücke viel länger brauchen als kleine. Also, es gilt immer dasselbe Prinzip: Je kleiner, desto schneller ist es gar. Kartoffeln können vorher mit einem entsprechenden Küchengerät in Würfel oder Scheiben geschnitten werden und brauchen dann nur noch einen Bruchteil zum Garen.

Tipps am Rand: Rote Bete braucht eine halbe Ewigkeit, bis sie durch ist, man kann sie aber alternativ auch bereits eingeschweißt und gegart kaufen. Gegarte Hülsenfrüchte sind in Dosen oder Gläsern erhältlich. Roh müssen sie vor der Zubereitung stundenlang eingeweicht werden – was man leider meistens vergisst – und dann auch noch ein bis zwei Stunden lang kochen.

Sollen also Hülsenfrüchte auf dem Tisch stehen, geht es definitiv schneller, man greift auf bereits gekochte zurück.

11. Die richtige Organisation der Küche

Nicht nur das Kochen und der Einkauf wollen geplant und organisiert werden, sondern auch die Küche. Dabei geht es darum, dass alles möglichst schnell griffbereit ist. Vor allem diejenigen Gegenstände, die man beim Kochen oft braucht. Also beispielsweise Pfannenwender, große Löffel und Schöpfkellen. Auch Gewürze sollten immer in Reichweite stehen. Und: Man spart tatsächlich viel Zeit und Nerven, wenn die Küche einigermaßen aufgeräumt ist und man nicht für jeden Handgriff ein freies Plätzchen suchen oder erst sauber machen muss.

12. Großeinkauf lohnt sich

Einfache Regel: Ein Großeinkauf braucht weniger Zeit als viele kleine. Auch hier kann man Zeit sparen. Mit guter Organisation ist es ausreichend, ein- bis zweimal in der Woche zum Einkaufen zu gehen, und man hat trotzdem immer die nötigen Zutaten im Haus, um schnell zu kochen und ein leckeres Gericht auf den Tisch zu bringen.

Jetzt kannst du so richtig durchstarten mit dem Kochen. Schnell, einfach, unkompliziert, ganz ohne Stress und noch dazu abwechslungsreich und lecker – so geht schnelle Küche! Lust bekommen? Na, dann nichts wie los!

Zu den Rezepten

Es lohnt sich auf jeden Fall, in allen Rezepten zu stöbern, denn bei den Ideen mit Fleisch, Geflügel oder Fisch werden oft auch Austausch- und Variationsmöglichkeiten für Vegetarier*innen beziehungsweise Veganer*innen angegeben. Mittlerweile ist im Handel auch eine große Auswahl an Fleischersatzprodukten erhältlich. So ist sicherlich für alle etwas dabei!

Zu jedem Rezept werden Nährwerte angegeben:

- kcal steht für Kilokalorien
- KH steht für Kohlenhydrate
- P steht für Protein
- F steht für Fett

Außerdem sind vegetarische und glutenfreie Rezepte übersichtlich gekennzeichnet:

- Vegetarisch
- Vegan
- Glutenfrei

Glutenfrei: Bitte achte bei den Produkten immer auf das Etikett, auch bei Gemüsebrühe und Gewürzen. Diese Zutaten sind zwar meist frei von Gluten, von den Herstellern können aber bestimmte Zusätze verwendet werden, die nicht glutenfrei sind.

Viel Spaß beim schnellen Kochen und guten Appetit!

Frühstück

Chia-Joghurt-Oats

Ca. 10 Min.
Pro Portion: 235 kcal • 7,6 g KH • 10,5 g P • 14,9 g F

Zutaten

Für 2 Portionen

300 g Joghurt, z. B. griechischer Naturjoghurt oder Sojajoghurt
2 EL Chiasamen
2 TL Honig oder Agavendicksaft
100 g frische Beeren, z. B. Himbeeren, Heidelbeeren
2 EL Nüsse und Kerne nach Belieben, z. B. Walnüsse, Cashewkerne, Mandeln
8 EL Haferflocken

1. 200 g Joghurt mit Chiasamen und Süßungsmittel verrühren und auf 2 Gläser verteilen.
2. Beeren waschen und abtrocknen.
3. Nüsse und Kerne bei Bedarf kleiner hacken.
4. Jeweils 4 EL Haferflocken in die Gläser hinzufügen. Dann restlichen Joghurt auf die Haferflocken verteilen.
5. Mit Beeren, Nüssen und Kernen toppen.

Tipps:
Die Chia-Joghurt-Oats lassen sich prima auf Vorrat herstellen, zum Beispiel für den nächsten Tag. Sie halten sich im Kühlschrank 2–3 Tage. Anstatt Chiasamen schmecken auch Leinsamen.

French Toast

Ca. 10–15 Min.
Pro Portion: 266 kcal • 31 g KH • 14,9 g P • 8,9 g F

Zutaten

Für 2 Portionen

2 Eier
250 ml Milch oder Pflanzendrink
1 Prise Salz
1 Prise Vanillepulver oder Zimt (optional)
4 Scheiben Toastbrot
Öl oder Butter zum Ausbacken

1. Alle Zutaten bis auf das Toastbrot verquirlen und in eine flache Schüssel geben.
2. Toastbrot in der Eier-Milch-Mischung wenden.
3. Öl in einer Pfanne erhitzen und die French Toasts von beiden Seiten goldbraun backen.

Tipps:
Das Rezept eignet sich auch gut zur Verwertung von altbackenem Toastbrot. Zum French Toast schmecken frische Beeren, Kompott, Nuss- oder Mandelmus, Marmelade und vieles mehr.

Pancakes

Ca. 20 Min.
Pro Portion: 336 kcal • 46,3 g KH • 16,4 g P • 8,9 g F

Zutaten

Für 3 Portionen

3 Eier
200 g Naturjoghurt oder Sojajoghurt
150 ml Milch oder Pflanzendrink
150 g Mehl, z. B. Weizenmehl Type 405
1 TL Backpulver
1 Prise Salz
1–2 TL Honig oder Zucker oder Süßungsmittel nach Belieben (optional)
Öl oder Butter zum Ausbacken

1. Eier cremig aufschlagen.
2. Joghurt und Milch unterrühren.
3. Trockene Zutaten vermengen und zusammen mit dem Süßungsmittel, falls verwendet, zur Eiermischung geben und alles verrühren.
4. Öl in einer Pfanne erhitzen. Je nach gewünschter Größe Kleckse aus ca. 2 EL Teig in die Pfanne mit Abstand zueinander setzen. Pancakes portionsweise backen.

Tipps:

Zu den Pancakes schmecken frische Beeren, Kiwi, Apfel oder Marmelade, Ahornsirup und Kompott. Sie lassen sich auch gut einfrieren. Dazu am besten etwas Backpapier zwischen die einzelnen Pancakes legen, damit sie nicht zusammenkleben. In einen Gefrierbehälter oder -beutel geben.

Kräuteromelette

Ca. 20 Min.
Pro Portion: 249 kcal • 4,3 g KH • 14,8 g P • 19 g F

Zutaten

Für 2 Portionen

½ Bund Petersilie oder Kräuter nach Belieben, z. B. Schnittlauch, Kresse
2 Lauchzwiebeln
4 Eier
4 EL Milch oder Sahne
Salz, Pfeffer
2 EL Butter oder Öl

1. Petersilie waschen, trocken schütteln und fein hacken.
2. Lauchzwiebeln putzen, waschen und in Ringe schneiden.
3. Eier, Milch, Salz und Pfeffer in einer Schüssel verquirlen. Lauchzwiebeln unterheben.
4. Butter in einer Pfanne erhitzen.
5. Die Hälfte der Eiermischung in die Pfanne geben und bei mittlerer Hitze in 3–4 Min. stocken lassen. Vorsichtig umdrehen und fertig backen.
6. Mit der restlichen Eiermasse genauso verfahren und ein zweites Omelett ausbacken.

Tipps:
Dazu schmeckt Rohkost wie Tomaten, Radieschen, Blattsalat oder Butterbrot. Man kann auch Schinken oder Gemüse wie Paprika klein würfeln und in die Eiermasse geben. Auch lecker: Mit zerbröseltem Feta füllen.

Tomaten-Rührei mit Feta

Ca. 15–20 Min.
Pro Portion: 365 kcal • 9,6 g KH • 25,2 g P • 23,4 g F

Zutaten

Für 2 Portionen

1 Schalotte oder kleine Zwiebel
1 Knoblauchzehe (optional)
½ Bund Petersilie
2 EL Öl, z. B. Olivenöl
400 g stückige Tomaten aus der Dose
4 Eier
Gewürze nach Belieben, z. B. Salz, Pfeffer, edelsüßes oder rosenscharfes Paprikapulver
80 g Feta/Schafskäse

1. Schalotte und Knoblauch, falls verwendet, schälen und fein hacken.
2. Petersilie waschen, trocken schütteln und hacken.
3. Öl in einer Pfanne erhitzen und die Schalotte 1 Min. andünsten. Dann Knoblauch hinzufügen und kurz mitdünsten.
4. Stückige Tomaten hinzufügen und unter Rühren ca. 1 Min. bei mittlerer Hitze köcheln lassen.
5. Eier in eine Schüssel aufschlagen, Gewürze hinzufügen und verquirlen. Dann in die Pfanne zu den gehackten Tomaten geben. Kurz durchrühren, dann ca. 1 Min. stocken lassen. Wieder verrühren und in 2–3 Min. unter gelegentlichem Rühren durchstocken lassen.
6. Mit Gewürzen abschmecken und mit Feta und gehackter Petersilie bestreuen.

Tipps:
Paprika oder Schinken würfeln, Oliven in Scheiben schneiden bzw. Kräuter oder Blattspinat hacken und hinzufügen. Anstatt Petersilie passen auch ein paar Stängel Basilikum oder Oregano.

Apfel-Mandel-Porridge

Ca. 10–15 Min.
Pro Portion: 338 kcal • 45,8 g KH • 14,1 g P • 10,5 g F

Zutaten

Für 2 Portionen

1 Apfel, z. B. Elstar oder Gala
1 TL Zitronensaft (optional)
80 g zarte Haferflocken
400 ml Milch oder Pflanzendrink
½ TL Zimt + etwas mehr zum Bestreuen
1 EL gemahlene Mandeln
1 TL Mandelmus oder Nussmus nach Wahl
1 TL Süßungsmittel nach Belieben, z. B. Honig

1. Apfel waschen, schälen und entkernen, dann fein würfeln. Für das Topping kann man einige Würfel oder Scheiben beiseite legen. Diese mit Zitronensaft beträufeln, damit sie nicht braun werden.
2. Alle Zutaten in einem Topf zum Kochen bringen.
3. Bei geringer Hitze und gelegentlichem Umrühren ca. 5–7 Min. köcheln lassen. Falls die Flüssigkeit zu schnell verdampft und man das Porridge nicht zu breiig haben möchte, kann man noch einige EL Milch oder Wasser hinzufügen.
4. Mit den restlichen Apfelwürfeln garnieren und mit Zimt bestreuen.

Tipps:
Anstatt Apfel kann man auch ca. 100 g Beeren wie Heidel- oder Himbeeren verwenden. Mit Mandelsplittern oder Mandelblättchen garnieren.

Schoko-Bananen-Porridge

Ca. 10–15 Min.
Pro Portion: 374 kcal • 57,8 g KH • 14,4 g P • 7,3 g F

Zutaten

Für 2 Portionen

80 g zarte Haferflocken
400 g Milch oder Pflanzendrink
1 Prise Salz
1 Prise Vanillepulver
2 TL Backkakaopulver
2 Bananen

1. Alle Zutaten bis auf die Bananen in einen Topf geben und vermischen, dann zum Kochen bringen.
2. Bei geringer Hitze und gelegentlichem Umrühren ca. 5–7 Min. köcheln lassen. Falls die Flüssigkeit zu schnell verdampft und man das Porridge nicht zu breiig haben möchte, kann man noch ein paar EL Milch oder Wasser hinzufügen. Hitze ausstellen und von der Herdplatte nehmen.
3. 1 Banane schälen und mit der Gabel zerdrücken oder pürieren, dann in das Porridge einrühren. Auf 2 Schüsseln verteilen.
4. Die andere Banane schälen, in Scheiben schneiden und das Porridge jeweils damit toppen.

Tipps:

Das Schoko-Porridge lässt sich vielfältig variieren: Nuss- oder Mandelmus einrühren, mit anderen Früchten wie Birne oder Beeren belegen und mit gehackten Nüssen bestreuen. Man kann das Porridge auch mit 1–2 TL Honig oder Süßungsmittel nach Belieben süßen – einfach beim Kochen mit einrühren.

Zimtschnecken

Ca. 25–30 Min.
pro Stück: 139 kcal • 22,8 g KH • 2,8 g P • 3,5 g F

Zutaten

Für ca. 12 Stück

5 EL brauner Zucker oder eine Mischung aus braunem und weißem Zucker
1 EL Zimt
50 g Butter
1 Packung Hefeteig mit Butter aus dem Kühlregal (500 g)
Hagelzucker zum Bestreuen (optional)

1. Backofen auf 200 °C Ober-/Unterhitze vorheizen.
2. Zucker mit Zimt vermischen.
3. Butter in einem Topf oder der Mikrowelle schmelzen lassen.
4. Teig ausrollen und mit Butter bestreichen. Dabei etwas Butter übrig lassen.
5. Zimt-Zucker-Mischung darauf verteilen, dabei ca. 1,5 cm auf einer Längsseite freilassen. Von der belegten Längsseite aus einrollen und die unbelegte Seite etwas andrücken.
6. Die Rolle in ca. 3 cm dicke Scheiben schneiden und auf das Backblech legen.
7. Mit der restlichen Butter bestreichen und mit Hagelzucker, falls verwendet, bestreuen.
8. Im Backofen ca. 15 Min. goldbraun backen.

Tipps:
Anstatt Hefeteig mit Butter kann man Blätterteig verwenden. Auch lecker schmecken die Schnecken mit Schoko-Nougat-Creme oder Apfel-Zucker-Zimt-Füllung.

Baked Oats

Ca. 20–25 Min.
Pro Portion: 185 kcal • 25 g KH • 6,6 g P • 5,5 g F

Zutaten

Für 4 Portionen

1 reife Banane (ca. 120 g)
2 EL Mandelmus
250 ml Milch oder Pflanzendrink
120 g Haferflocken
2 EL gemahlene Mandeln
½ TL Zimt
1 Prise Vanillepulver
80 g TK-Beeren, z. B. Waldbeerenmischung, Himbeeren

1. Backofen auf 180 °C Umluft vorheizen.
2. Die Banane mit einer Gabel in einer Schüssel zerdrücken.
3. Mandelmus und Milch hinzufügen und verrühren.
4. Haferflocken, Mandeln, Zimt und Vanillepulver untermengen.
5. In eine gefettete Souffléform oder eine gefettete Auflaufform geben und 15–20 Min. backen.

Tipps:
Wer es süßer mag, kann noch 1–2 TL Honig oder Süßungsmittel nach Belieben einrühren. Anstatt Mandelmus schmeckt auch Cashew- oder Nussmus.

Fruchtiges Frühstück im Glas

Ca. 10 Min.
Pro Portion: 337 kcal • 46 g KH • 12,8 g P • 8,6 g F

Zutaten

Für 2 Portionen

1 Mango
300 g Joghurt, z. B. griechischer Naturjoghurt oder Sojajoghurt
1–2 EL Fruchtsaft, z. B. Orangensaft
8 EL Haferflocken
1 Stängel Minze
60 g gemischte Beeren, z. B. Himbeeren oder Heidelbeeren

1. Mango schälen, entkernen, in grobe Stücke schneiden, dann pürieren.
2. Joghurt mit Fruchtsaft verrühren.
3. Haferflocken auf 2 Gläser verteilen, Joghurt und Mangomus daraufgeben.
4. Minze und Beeren waschen und mit Küchenpapier abtrocknen. Dann als Topping auf den Gläsern verteilen.
5. Vor dem Verzehr einfach durchmischen und genießen.

Tipps:
Man kann auch nur eine Mangohälfte pürieren und die andere Hälfte in Würfel schneiden und als Topping verwenden. Nach Belieben mit gehackten Mandeln oder Nüssen bestreuen. Anstatt Mango kann man andere Früchte verwenden wie Nektarinen oder Beeren. Joghurt lässt sich durch Skyr oder Magerquark ersetzen.

Suppen und Salate

Tomatensuppe

Ca. 15 Min.
Pro Portion: 170 kcal • 15 g KH • 5,9 g P • 8,7 g F

Zutaten

Für 2 Portionen

1 Schalotte oder ½ Zwiebel
1 Knoblauchzehe
1 EL Butter oder Öl, z. B. Olivenöl
1 EL Tomatenmark
2 Dosen stückige Tomaten (à 400 g)
2 TL getrocknete italienische Kräuter oder getrockneter Oregano
Salz, Pfeffer
1 TL edelsüßes Paprikapulver
3 EL saure Sahne oder Schmand

1. Schalotte und Knoblauch schälen und fein hacken.
2. Butter in einem Topf erhitzen und Schalotte und Knoblauch glasig andünsten.
3. Tomatenmark einrühren und kurz mitdünsten.
4. Dann stückige Tomaten, Kräuter und Gewürze hinzufügen, gut durchrühren und bei mittlerer Hitze ca. 8 Min. köcheln lassen.
5. Vom Herd nehmen und saure Sahne hinzufügen. Zur gewünschten Konsistenz fein pürieren oder etwas stückiger belassen. Nochmals kurz aufkochen und mit Salz und Pfeffer abschmecken.

Tipps:
Saure Sahne oder Schmand kann man durch Kokosmilch ersetzen oder auch ganz weglassen. Zum Würzen noch 1 TL Gemüsebrühepulver untermischen. Oder Kräuter wie Petersilie hacken und die Suppe damit bestreuen. Dazu schmecken Baguette oder Croûtons.

Blumenkohlcremesuppe

Ca. 20 Min.
Pro Portion: 303 kcal • 7,4 g KH • 6,7 g P • 24,9 g F

Zutaten

Für 2 Portionen

250 g frischer oder TK-Blumenkohl
150 g Knollensellerie
1 Schalotte oder ½ Zwiebel
1 EL Butter
300–400 ml Gemüsebrühe
100 g Sahne
Salz, Pfeffer
1 Prise gemahlene Muskatnuss

1. Blumenkohl und Sellerie waschen, putzen und in kleine Stücke schneiden.
2. Schalotte schälen und fein hacken.
3. Butter in einem Topf erhitzen und die Schalotte darin glasig dünsten.
4. Sellerie hinzufügen und 1 Min. unter Rühren mitdünsten.
5. Mit 300 ml Gemüsebrühe ablöschen und Blumenkohl hinzufügen.
6. Kurz aufkochen lassen, dann 8–10 Min. köcheln lassen, bis das Gemüse weich gekocht ist.
7. Sahne hinzufügen und alles fein cremig pürieren oder stückiger belassen.
8. Nochmals kurz aufkochen lassen und mit Salz, Pfeffer sowie Muskatnuss abschmecken. Nach Belieben für eine dünnere Suppe noch etwas Gemüsebrühe hinzufügen und pürieren.

Tipps:

Knollensellerie lässt sich durch Kartoffeln ersetzen. Anstatt Sahne kann man auch Schmand, saure Sahne oder Kokosmilch verwenden. Frische Kräuter hacken und die Suppe damit bestreuen oder mit Petersilienöl beträufeln. Dazu passen Grissini.

Spinatsuppe

Ca. 15 Min.
Pro Portion: 260 kcal • 8,3 g KH • 8,2 g P • 20,8 g F

Zutaten

Für 2 Portionen

1 Schalotte oder ½ Zwiebel
1 TL Butter oder Öl, z. B. Olivenöl
200 ml Gemüsebrühe
250 g TK-Rahmspinat
80 g Sahneschmelzkäse
Salz, Pfeffer

1. Schalotte schälen und fein hacken.
2. Butter in einem Topf erhitzen und die Schalotte glasig andünsten. Mit Gemüsebrühe ablöschen.
3. Rahmspinat hinzufügen und unter Rühren ca. 10 Min. bei mittlerer Hitze köcheln lassen.
4. Schmelzkäse hinzufügen und alles pürieren.
5. Mit Salz und Pfeffer abschmecken.

Tipps:
Mit gekochten Eiern, Croûtons oder Baguette genießen. Auch lecker: Schinkenstreifen und Garnelen hinzufügen.

Nudelsuppe mit Gemüse

Ca. 20 Min.
Pro Portion: 208 kcal • 33,2 g KH • 10,1 g P • 1,6 g F

Zutaten

Für 2 Portionen

1 Karotte
600 ml Gemüsebrühe
150 g TK-Erbsen
60 g Suppennudeln
Salz, Pfeffer

1. Karotte waschen, schälen und in kleine Würfel schneiden.
2. Brühe in einen Topf geben, die Karotten hinzufügen und ca. 5–7 Min. köcheln lassen.
3. Dann Erbsen und Suppennudeln hinzufügen und je nach Packungsangabe in 4–6 Min. fertig garen.
4. Mit Salz und Pfeffer abschmecken.

Tipps:

Auch lecker: 150 g Hähnchenbrustfilet in Würfel schneiden und mitkochen oder für die letzten 3–5 Min. Kochzeit 2 Würstchen, zum Beispiel Wiener, in Scheiben schneiden und hinzufügen. Die Menge der Gemüsebrühe bei Zugabe von Hähnchen oder Würstchen um mindestens 100 ml erhöhen. Kräuter hacken und die Suppe damit bestreuen.

Tipp:
Wenn gerade keine Eiswürfel zur Hand sind, sollten alle Zutaten gut gekühlt sein.

Kalte Joghurtsuppe

Ca. 15–20 Min.
Pro Portion: 274 kcal • 12,9 g KH • 9 g P • 19,2 g F

Zutaten

Für 2 Portionen

250 g Salatgurke
1 kleiner Bund Radieschen
½ Bund Petersilie
1 Lauchzwiebel
400 g Joghurt, z. B. griechischer Naturjoghurt
1 Eiswürfel (optional)
150 ml kalte Gemüsebrühe oder eiskaltes Wasser
1 EL Zitronensaft
Salz, Pfeffer

1. 200 g Salatgurke waschen und fein raspeln. Den Rest in kleine Stücke schneiden.
2. Radieschen waschen, putzen und 2 Radieschen in feine Scheiben schneiden, den Rest fein würfeln.
3. Petersilie waschen, trocken schütteln und fein hacken.
4. Lauchzwiebel waschen, putzen und in Röllchen schneiden.
5. Joghurt mit Eiswürfel, falls verwendet, und etwa ⅓ der Radieschen pürieren.
6. Gurkenraspel und die Hälfte der Petersilie hinzufügen. Unter Rühren mit einem Schneebesen die Gemüsebrühe nach und nach hinzufügen und die Suppe cremig rühren. Nach Belieben noch etwas Wasser bis zur gewünschten Konsistenz hinzufügen.
7. Restliche Radieschen- und Gurkenstücke und Lauchzwiebelröllchen beimengen und alles mit Zitronensaft, Salz und Pfeffer abschmecken.
8. Mit Radieschenscheiben und restlicher Petersilie garnieren.

Weisse-Bohnen-Salat

Ca. 10–15 Min.
Pro Portion: 356 kcal • 25,6 g KH • 19,7 g P • 17,5 g F

Zutaten

Für 2 Portionen

1 Glas gekochte weiße Bohnen (ca. 240 g Abtropfgewicht)
200 g Kirschtomaten
2 Stängel Petersilie
1 Schalotte oder ½ Zwiebel
80 g Feta/Schafskäse
2 EL Öl, z. B. Olivenöl
2 EL Essig, z. B. weißer Balsamico
½ TL Honig oder Agavendicksaft oder Süßungsmittel nach Belieben (optional)
Salz, Pfeffer

1. Weiße Bohnen in ein Sieb geben und abtropfen lassen.
2. Tomaten waschen, abtrocknen, halbieren oder in Scheiben schneiden.
3. Petersilie waschen, trocken schütteln und hacken.
4. Schalotte schälen und fein hacken.
5. Feta in Würfel schneiden oder kleiner bröseln.
6. Alle Zutaten, bis auf die Petersilie, in eine Schüssel geben und gut vermischen.
7. Zum Servieren mit Petersilie bestreuen.

Tipps:
Auch lecker: 1–2 EL Kapern oder 1 EL Tahin/Sesammus untermischen. Tomaten lassen sich durch 1 Paprikaschote ersetzen. Außerdem kann man noch 1 Stück Gurke würfeln und dazugeben oder etwas Salat, zum Beispiel Rucola, untermischen. Der Feta/Schafskäse kann auch ganz weggelassen werden.

Hüttenkäse-Salat mit Radieschen und Gurken

Ca. 10–15 Min.
Pro Portion: 261 kcal • 11,7 g KH • 27,1 g P • 9,8 g F

Zutaten

Für 2 Portionen

1 Salatgurke
10 Radieschen
2 Lauchzwiebeln
400 g Hüttenkäse
1 EL Essig, z. B. weißer Balsamico oder Zitronensaft
Salz, Pfeffer

1. Gurke waschen, abtrocknen und in Stücke schneiden.
2. Radieschen und Lauchzwiebeln waschen, putzen und klein schneiden.
3. Alle Zutaten in einer Schüssel vermischen und mit Salz und Pfeffer abschmecken.

Tipps:
Frische Kräuter hacken, zum Beispiel Petersilie, und den Salat damit bestreuen. Auch lecker: 1 Tomate in Würfel schneiden und in den Salat mischen. Außerdem kann man Cashewkerne oder 1 EL Pinienkerne in einer Pfanne ohne Öl anrösten und zum Salat geben.

Käsesalat

Ca. 10–15 Min.
Pro Portion: 369 kcal • 10,8 g KH • 21,7 g P • 26,3 g F

Zutaten

Für 2 Portionen

½ Gurke (ca. 150 g)
1 kleine rote Paprika-schote
150 g Käse, z. B. Gouda
3–4 EL gekochter Mais aus der Dose (optional)
3 EL Joghurt
2 EL Schmand oder saure Sahne
1 TL Essig
Salz, Pfeffer
Paprikapulver

1. Gemüse putzen, waschen und fein würfeln.
2. Käse ebenfalls würfeln oder in feine Streifen schneiden.
3. Alle Zutaten in einer Schüssel vermischen und mit Gewürzen abschmecken.

Tipps:
Frische Kräuter hacken, zum Beispiel Petersilie, und den Salat damit bestreuen. Anstatt Gouda schmeckt auch Emmentaler gut. Der Salat lässt sich auch mit 1–2 EL Essig und 1 EL Öl zubereiten statt mit Joghurt und Schmand. Paprika kann man durch Tomaten ersetzen.

Rote-Bete-Apfel-Salat

Ca. 10–15 Min.
Pro Portion: 220 kcal • 22,6 g KH • 4,8 g P • 10,1 g F

Zutaten

Für 2 Portionen

400 g Rote Bete, roh oder gekocht (z. B. vakuumiert)
1 Apfel, z. B. Elstar (ca. 120 g)
2 EL saure Sahne oder Schmand
1 TL Essig, z. B. weißer Balsamico
1 TL Öl, z. B. Olivenöl
1 Prise Zucker oder Süßungsmittel nach Belieben
Salz, Pfeffer
20 g Walnüsse

1. Rote Bete würfeln.
2. Apfel waschen, abtrocknen, entkernen und ebenfalls in Würfel schneiden.
3. Saure Sahne, Essig, Öl, Süßungsmittel und Gewürze zu einem Dressing verrühren.
4. Alle Zutaten, bis auf die Walnüsse, in einer Salatschüssel vermischen. Mit Salz und Pfeffer abschmecken.
5. Walnüsse kleiner hacken und über den Salat geben.

Tipps:
Für das Schneiden der Roten Bete am besten Einmalhandschuhe verwenden, da sie abfärben. Mit frischer Kresse servieren. Auch lecker: 1 TL Meerrettich ins Dressing mischen. Saure Sahne kann man durch Joghurt, Skyr oder Sojajoghurt ersetzen.

Gemüse-Couscous-Salat

Ca. 10–15 Min.
Pro Portion: 297 kcal • 37,8 g KH • 7,6 g P • 10,7 g F

Zutaten

Für 2 Portionen

200 ml Wasser
100 g Couscous
½ Bund Petersilie
1 Schalotte oder ½ Zwiebel
1 Knoblauchzehe
1 Stück Salatgurke (ca. 150 g)
1 Tomate
2 EL Zitronensaft oder Essig, z. B. weißer Balsamico
2 EL Öl, z. B. Olivenöl
1 EL Wasser
1 Prise Zucker oder Süßungsmittel nach Belieben
Salz und Pfeffer
1 Prise gemahlener Kreuzkümmel

1. Wasser zum Kochen bringen (mit dem Wasserkocher) und über das Couscous gießen. Nach Packungsanleitung quellen lassen (ca. 5 Min.), dann mit einer Gabel auflockern.
2. Petersilie waschen, trocken schütteln und fein hacken.
3. Schalotte und Knoblauch schälen und fein hacken.
4. Gurke und Tomate waschen, abtrocknen und putzen, dann fein würfeln.
5. Alle Zutaten in einer Schüssel vermischen und mit Salz, Pfeffer und Kreuzkümmel abschmecken.

Tipps:
Anstatt Gurke und Tomaten kann man Zucchini und Paprika verwenden. Auch lecker: 1 TL Tomatenmark untermischen oder mit Kurkuma oder Currypulver abschmecken.

Bunter Avocado-Salat

Ca. 10–15 Min.
Pro Portion: 298 kcal • 7,7 g KH • 3,8 g P • 19,6 g F

Zutaten

Für 2 Portionen

80 g Salat, z. B. gemischt Lollo bionda und Rucola
1 Avocado (ca. 150 g)
150 g Kirschtomaten
½ Bund Petersilie
1 Schalotte oder ½ rote Zwiebel
Saft von ½ Limette oder Zitrone
1 EL Olivenöl
1 Prise Zucker oder Süßungsmittel nach Belieben
Salz, Pfeffer

1. Salat verlesen, waschen und trocken schleudern.
2. Avocado entkernen, Fruchtfleisch mit einem Löffel aus der Schale lösen und in Scheiben schneiden.
3. Tomaten waschen, abtrocknen und in Viertel schneiden.
4. Petersilie waschen, trocken schütteln und kleiner zupfen oder hacken.
5. Schalotte schälen, halbieren und in feine Scheiben oder Würfel schneiden.
6. Limette auspressen und mit Öl, Zucker, Salz und Pfeffer vermischen.
7. Salat, Tomaten, Petersilie und Schalotte in eine Schüssel geben und mit dem Dressing vermischen.
8. Avocadoscheiben beimengen und mit Salz und Pfeffer abschmecken.

Tipps:

Mit Sesamsamen bestreuen oder frische Kräuter hacken und den Salat damit bestreuen. Tomaten kann man auch durch 1 Paprikaschote ersetzen. Auch lecker: 50 g Feta/Schafskäse würfeln und hinzufügen.

Karottensuppe

Ca. 20–25 Min.
Pro Portion: 180 kcal • 15,9 g KH • 2,4 g P • 9,9 g F

Zutaten

Für 2 Portionen

300 g Karotten
1 Schalotte
1 Stück Ingwer (ca. 10 g)
Saft von 1 Orange oder ca. 80 ml Orangensaft (optional)
2 EL Öl, z. B. Olivenöl
400 ml Gemüsebrühe
Salz, Pfeffer
1 TL Kurkumapulver oder Currypulver
½ Bund Schnittlauch

1. Karotten waschen, schälen und in kleine Stücke schneiden.
2. Schalotte und Ingwer schälen und klein hacken.
3. Orange halbieren und Saft auspressen.
4. Öl in einem Topf erhitzen, Karotten, Schalotte und Ingwer 2–3 Min. andünsten.
5. Mit Brühe und Orangensaft ablöschen und Gewürze hinzufügen. 12–15 Min. garen, bis die Karotten weich gekocht sind. Dann pürieren und nochmals mit Gewürzen abschmecken.
6. Schnittlauch waschen, trocken schütteln und in Röllchen schneiden. Suppe damit garnieren.

Tipps:

100 ml Gemüsebrühe kann man zum Beispiel durch Kokosmilch, Sahne oder saure Sahne ersetzen. Mit einem Klecks Crème fraîche garnieren. Als leckeres Topping Kürbiskerne ohne Öl in der Pfanne anrösten und diese über die Suppe streuen.

Vegetarisches und Veganes

Halloumi-Burger

Ca. 10–15 Min.
Pro Portion: 482 kcal • 31,7 g KH • 21,5 g P • 27,1 g F

Zutaten

Für 2 Portionen

- 1 Handvoll Salat, z. B. Rucola oder Lollo bionda
- 1 Stück Salatgurke (ca. 50 g)
- 1 Schalotte oder 1 kleine Zwiebel
- 1 kleine Avocado oder ½ Avocado (ca. 80 g)
- 125 g Halloumi oder Grill-/Bratkäse
- 1 EL Öl, z. B. Olivenöl
- 1 TL getrockneter Oregano
- 2 Vollkornbrötchen

1. Salat putzen, waschen, abtrocknen und nach Belieben kleiner zupfen.
2. Gurke waschen, abtrocknen und in Scheiben schneiden.
3. Schalotte schälen und in feine Scheiben schneiden.
4. Avocado entkernen, Fruchtfleisch mit einem Löffel aus der Schale lösen und in Scheiben schneiden.
5. Halloumi in dünne Scheiben oder Stücke schneiden.
6. Öl mit Oregano vermischen und die Halloumischeiben von beiden Seiten damit bestreichen.
7. Pfanne erhitzen und die Halloumischeiben darin auf jeder Seite ca. 1–2 Min. scharf anbraten.
8. Ein Brötchen halbieren und mit der Hälfte von Salat, Gurken, Schalotte, Avocado und Halloumi belegen. Dann den Brötchendeckel aufsetzen und bei Bedarf mit einem Holzspieß fixieren. Aus den restlichen Zutaten den zweiten Burger zusammenstellen.

Tipps:
Dazu schmeckt Rohkost. Auch lecker: Joghurt-Kräuter-Dip (S. 169) auf die Brötchenhälften streichen.

Kichererbsen-Curry

Ca. 15–20 Min.
Pro Portion: 410 kcal • 23 g KH • 10 g P • 29 g F

Zutaten

Für 2 Portionen

1 kleines Glas gekochte Kichererbsen (ca. 220 g Abtropfgewicht)
1 Schalotte oder ½ Zwiebel
1 Knoblauchzehe
1 Stück Ingwer (ca. 1 cm) (optional)
1 EL Öl, z. B. Kokosöl
200 g stückige Tomaten
200 ml Kokosmilch
1 TL Currypulver
½ TL gemahlener Kreuzkümmel
Salz, Pfeffer

1. Kichererbsen in ein Sieb gießen, mit Wasser abbrausen und abtropfen lassen.
2. Schalotte und Knoblauch schälen und fein hacken.
3. Ingwer schälen und fein reiben.
4. Öl in einem Topf erhitzen und Schalotte, Knoblauch und Ingwer darin glasig dünsten.
5. Stückige Tomaten, Kokosmilch und Gewürze hinzufügen und ca. 5 Min. köcheln lassen.
6. Kichererbsen hinzufügen und weitere 5–7 Min. bei mittlerer Hitze und gelegentlichem Umrühren köcheln lassen.
7. Mit Salz und Pfeffer abschmecken.

Tipps:

Mit gehacktem Koriander oder gehackter Petersilie garnieren. Dazu schmeckt Reis: 150–200 g mit einer Kochzeit von 10–15 Min. während der Zubereitung des Currys in einem weiteren Topf garen. Auch lecker: 1 TL rote oder gelbe Currypaste (je nach gewünschter Schärfe) einrühren. Man kann auch Gemüse wie Zucchini oder Paprika hinzufügen. Die Kokosmilch lässt sich durch 200 g stückige Tomaten ersetzen. Mit Limettensaft abschmecken.

Gnocchi mit Zucchini-Kräuter-Sosse

Ca. 15–20 Min.
Pro Portion: 671 kcal • 62,4 g KH • 11,5 g P • 40,1 g F

Zutaten

Für 2 Portionen

1 kleine Zucchini (ca. 300 g)
1 Schalotte oder ½ Zwiebel
1 Knoblauchzehe
1 Bund Petersilie oder andere frische Kräuter nach Belieben, z. B. Basilikum
1 EL Öl, z. B. Olivenöl
200 g Crème fraîche
Salz, Pfeffer
400 g Gnocchi aus dem Kühlregal
1 EL Butter (optional)

1. Zucchini waschen, harte Enden entfernen und in feine Würfel schneiden.
2. Schalotte und Knoblauch schälen, dann fein würfeln.
3. Petersilie waschen, trocken schütteln und fein hacken.
4. Öl in einer Pfanne erhitzen, Schalotte und Knoblauch glasig dünsten.
5. Dann Zucchini und Petersilie unter Rühren 2–3 Min. mitdünsten.
6. Crème fraîche einrühren und mit Salz und Pfeffer würzen.
7. Die Gnocchi kann man zum Erwärmen für ca. 2 Min. untermengen oder man brät sie mit 1 EL Butter in einer anderen Pfanne heraus und gibt dann die Soße darüber.

Tipps:
Anstatt Crème fraîche kann man Tofu mit 2 EL heißem Wasser und 1 EL Zitronensaft pürieren und für die Soßenbasis verwenden. Gnocchi lassen sich gut durch Nudeln oder Reis ersetzen.

Bohnen-Tomaten-Topf

Ca. 10–15 Min.
Pro Portion: 223 kcal • 13,9 g KH • 10 g P • 12,6 g F

Zutaten

Für 2 Portionen

1 Schalotte oder kleine Zwiebel
1 EL Öl, z. B. Olivenöl
2 Dosen oder Gläser grüne Bohnen (à 220 g Abtropfgewicht)
1 Dose stückige Tomaten (400 g)
Salz, Pfeffer
1 TL weiße Sesamsamen
2 EL gehobelter oder geriebener Parmesan

1. Schalotte schälen und fein hacken.
2. Öl in einem Topf erhitzen und Schalotte andünsten.
3. Bohnen hinzufügen und kurz mitdünsten.
4. Stückige Tomaten hinzufügen und alles gut vermischen. Mit Salz und Pfeffer würzen und bei mittlerer Hitze und gelegentlichem Umrühren ca. 3–5 Min. köcheln lassen.
5. Mit Sesamsamen und Parmesan bestreuen.

Tipps:
Auch lecker: 50 g Speck- oder Katenschinkenwürfel mit der Schalotte andünsten. Frische Kräuter hacken, zum Beispiel Petersilie, und darüberstreuen.

Käsespätzle

Ca. 15–20 Min.
Pro Portion: 782 kcal • 61,4 g KH • 34,9 g P • 42,9 g F

Zutaten

Für 2 Portionen

2 Zwiebeln
1 EL Öl, z. B. Rapsöl
2 EL Butter
400 g Spätzle aus dem Kühlregal
150 g geriebener Käse, z. B. Bergkäse und Emmentaler, gemischt
4 EL Milch oder Sahne
1 TL Salz
½ TL Pfeffer

1. Zwiebeln schälen und in feine Ringe schneiden.
2. Öl in einer Pfanne erhitzen und die Zwiebeln in ca. 5 Min. goldbraun rösten. Dann aus der Pfanne nehmen und bei Bedarf warm stellen.
3. Butter in die Pfanne geben, erwärmen und die Spätzle ca. 1–2 Min. unter Wenden anbraten.
4. Käse und Milch hinzufügen, gelegentlich umrühren und ca. 2–3 Min. bei mittlerer Hitze schmelzen lassen. Mit Salz und Pfeffer würzen.
5. Käsespätzle mit gebratenen Zwiebeln servieren.

Tipp:
Mit frischen Schnittlauchröllchen bestreuen.

Gemüse-Feta-Pfanne

Ca. 15–20 Min.
Pro Portion: 346 kcal • 15 g KH • 13,6 g P • 25 g F

Zutaten

Für 2 Portionen

1 Zucchini (ca. 300 g)
1 gelbe Paprikaschote
200 g Kirschtomaten
1 (rote) Zwiebel
2 EL Öl, z. B. Olivenöl
50 ml Gemüsebrühe oder Wasser
1 TL getrockneter Oregano
1 TL getrocknetes Basilikum
2 EL Frischkäse
Salz, Pfeffer
100 g Feta/Schafskäse

1. Gemüse waschen und abtrocknen. Zucchini und Paprika putzen und in Scheiben oder Streifen schneiden. Tomaten halbieren oder vierteln.
2. Zwiebel schälen, halbieren und in Scheiben schneiden.
3. Öl in eine Pfanne geben und erhitzen, Zwiebel hinzufügen und glasig dünsten.
4. Dann Paprika hinzufügen und 2 Min. mitdünsten.
5. Zucchini und Kirschtomaten einfüllen und 3 Min. mitgaren.
6. Gemüsebrühe, Kräuter und Frischkäse hinzufügen, alles gut verrühren und in 3–5 Min. je nach gewünschter Knackigkeit des Gemüses bei mittlerer Hitze köcheln lassen.
7. Mit Salz und Pfeffer abschmecken und Feta darüberbröseln.

Tipp:
Frische Kräuter, zum Beispiel Petersilie, hacken und darüberstreuen.

Blumenkohlcurry mit Reis

Ca. 15–20 Min.
Pro Portion: 609 kcal • 69,4 g KH • 13,1 g P • 27,6 g F

Zutaten

Für 2 Portionen

1 Blumenkohl (ca. 500 g)
1 Knoblauchzehe
1 Schalotte oder ½ Zwiebel
1 Stück Ingwer, ca. 1 cm (optional)
1 EL Öl, z. B. Kokosöl
1 EL gelbe Currypaste
200 ml Kokosmilch
200 ml Gemüsebrühe
Salz, Pfeffer
1 TL Currypulver
150 g Reis nach Belieben, z. B. Parboiled oder Naturreis (mit einer Kochzeit von 10–15 Min.)
1 Bund Koriander

1. Blumenkohl putzen, waschen und in kleine Röschen teilen. Bei Bedarf noch kleiner schneiden.
2. Knoblauch, Schalotte und Ingwer schälen und fein hacken.
3. Öl in einer Pfanne erhitzen.
4. Schalotte darin glasig dünsten. Knoblauch und Ingwer hinzufügen und ca. 1 Min. mitdünsten.
5. Currypaste untermischen, dann Blumenkohlröschen hinzufügen und unter Rühren 1–2 Min. mitdünsten.
6. Mit Kokosmilch und Brühe ablöschen und mit Salz, Pfeffer und Currypulver würzen. Erst kurz aufkochen lassen, dann unter gelegentlichem Rühren bei mittlerer Hitze in ca. 8–12 Min. (je nach Größe der Blumenkohlstücke) fertigkochen. Dann mit Salz und Pfeffer abschmecken.
7. Währenddessen den Reis nach Packungsanleitung garen.
8. Koriander waschen, trocken schütteln und fein hacken. Das Blumenkohlcurry damit bestreuen und dazu den Reis genießen.

Tipps:

Nach Belieben mit Limettensaft verfeinern. Man kann auch ein rotes Curry herstellen. Dazu die Kokosmilch und Gemüsebrühe durch 1 Dose stückige Tomaten (400 g) ersetzen und mit roter anstatt gelber Currypaste würzen.

Zoodles mit Blumenkohlsosse

Ca. 15–20 Min.
Pro Portion: 221 kcal • 12,3 g KH • 9,1 g P • 13,2 g F

Zutaten

Für 2 Portionen

400 g frischer oder TK-Blumenkohl
1 Schalotte oder ½ Zwiebel
1 Knoblauchzehe
2 EL Öl, z. B. Olivenöl
1–2 Zucchini (400–500 g)
1 EL Cashewmus oder weißes Mandelmus
1 EL Zitronensaft
Salz, Pfeffer
1 Prise gemahlene Muskatnuss

1. Blumenkohl putzen, waschen und in kleine Röschen teilen oder noch kleiner schneiden. Dann in ca. 7–10 Min. in Salzwasser garen oder dämpfen.
2. Währenddessen Schalotte und Knoblauch schälen und fein hacken.
3. 1 EL Öl in einer Pfanne erhitzen, Schalotte und Knoblauch darin glasig dünsten. Dann aus der Pfanne in eine Schüssel geben.
4. Zucchini waschen, harte Enden abschneiden und mit einem Spiralschneider oder Sparschäler in Nudelform schneiden.
5. 1 EL Öl in die Pfanne geben und die Zoodles in 3–5 Min. unter Rühren andünsten.
6. Währenddessen gekochten Blumenkohl in die Schüssel zum Schalotten-Knoblauch-Gemisch geben. Cashewmus und Zitronensaft hinzufügen und pürieren. Mit Salz, Pfeffer und Muskatnuss abschmecken.
7. Blumenkohlsoße jeweils auf eine Portion Zoodles verteilen oder direkt zu den Zoodles in die Pfanne geben und verrühren.

Tipps:
Zum Dünsten der Zoodles kann man auch 1–2 EL Gemüsebrühe hinzufügen. Mit Parmesan und frischen Kräutern wie Petersilie bestreuen.

Gemüse-Couscous

Ca. 15–20 Min.
Pro Portion: 381 kcal • 58 g KH • 14,7 g P • 7,3 g F

Zutaten

Für 2 Portionen

300 ml Gemüsebrühe
150 g Couscous
250 g (braune) Champignons
1 rote Paprikaschote
1 Bund Petersilie
1 Schalotte oder ½ Zwiebel
1 Knoblauchzehe
1 EL Öl, z. B. Olivenöl
Salz und Pfeffer

1. Gemüsebrühe zum Kochen bringen und über das Couscous gießen. Nach Packungsanleitung quellen lassen (ca. 5 Min.). Dann mit einer Gabel auflockern.
2. Währenddessen Champignons putzen und in Scheiben schneiden.
3. Paprikaschote waschen, entkernen und in feine Würfel schneiden.
4. Petersilie waschen, trocken schütteln und fein hacken.
5. Schalotte und Knoblauch schälen und fein hacken.
6. Öl in einer Pfanne erhitzen, Schalotte und Knoblauch glasig dünsten.
7. Champignons hinzufügen und 1–2 Min. scharf anbraten.
8. Paprikawürfel hinzufügen und alles zusammen ca. 3–4 Min. dünsten.
9. Dann das Couscous dazugeben und 1–2 Min. bei niedriger Hitze unter Rühren erwärmen. Mit Salz und Pfeffer abschmecken.
10. Mit gehackter Petersilie garnieren oder unter das Gemüse-Couscous mischen.

Tipps:

Anstatt der Paprikaschote kann man ca. 150 g Zucchini oder Tomaten verwenden. Um dem Couscous eine tomatige Note zu geben, 1 EL Tomatenmark mit 2 EL Gemüsebrühe vermischen und in das Couscous einrühren.

Gebackener Feta mit Tomaten und Oliven

Ca. 20–25 Min.
Pro Portion: 392 kcal • 5 g KH • 17,5 g P • 32,5 g F

Zutaten

Für 2 Portionen

250 g (bunte) Kirschtomaten
1 Bund Kräuter nach Belieben, z. B. Petersilie, Rosmarin, Thymian, Basilikum
3 EL Öl, z. B. Olivenöl
Salz, Pfeffer
1 Packung Feta/Schafskäse (180 g)
10 schwarze, entkernte Oliven

1. Backofen auf 180 °C Umluft vorheizen.
2. Kirschtomaten waschen, abtrocknen und halbieren.
3. Kräuter waschen, trocken schütteln und fein hacken.
4. Öl und Kräuter vermischen und mit Salz und Pfeffer würzen.
5. Auflaufform oder ein backofenfestes Pfännchen einfetten. In die Mitte den Schafskäse legen und darum herum Tomaten und Oliven verteilen.
6. Alles mit Kräuteröl beträufeln.
7. Im Ofen ca. 10–15 Min. backen.

Tipps:
Mit frischen Kräutern wie Petersilie bestreuen. Man kann auch anderes Gemüse verwenden, zum Beispiel Zucchini, Paprika oder Auberginen.

Gnocchi in Tomatensosse

Ca. 15–20 Min.
Pro Portion: 490 kcal • 66,7 g KH • 15,3 g P • 16,2 g F

Zutaten

Für 2 Portionen

1 Schalotte oder ½ Zwiebel
1 Knoblauchzehe
1 EL Öl, z. B. Olivenöl
400 g stückige Tomaten
1 TL getrockneter Oregano
50 g geriebener Mozzarella
400 g Gnocchi aus dem Kühlregal
Salz, Pfeffer

1. Schalotte und Knoblauch schälen, dann fein würfeln.
2. Öl in einer Pfanne erhitzen, Schalotte und Knoblauch darin kurz andünsten.
3. Stückige Tomaten und Oregano hinzufügen und bei mittlerer Hitze ca. 5 Min. köcheln lassen. Gelegentlich umrühren.
4. Mozzarella einrühren und Gnocchi unterheben.
5. Für weitere 2–3 Min. auf niedriger Hitze und unter Rühren erwärmen. Mit Salz und Pfeffer abschmecken.

Tipps:
Mit Basilikum und geriebenem Parmesan bestreuen. Den Mozzarella kann man auch weglassen.

Tomatenreis mit Feta

Ca. 20–25 Min.
Pro Portion: 695 kcal • 105,8 g KH • 20,7 g P • 17,9 g F

Zutaten

Für 2 Portionen

1 Schalotte oder ½ Zwiebel
1 Knoblauchzehe
1 EL Öl, z. B. Olivenöl
250 g Reis nach Belieben, z. B. Parboiled oder Naturreis (mit einer Kochzeit von 10–15 Min.)
400–500 ml Gemüsebrühe
400 g stückige Tomaten
Salz, Pfeffer
100 g Feta/Schafskäse
2 Stängel Basilikum

1. Schalotte und Knoblauch schälen, dann fein würfeln.
2. Öl in einer Pfanne oder einem Topf erhitzen, Schalotte und Knoblauch darin kurz andünsten.
3. Reis hinzufügen und 1 Min. mitdünsten.
4. 400 ml Gemüsebrühe und stückige Tomaten einrühren. Mit Salz und Pfeffer würzen und ca. 70 g Feta darüberbröseln. Deckel aufsetzen und bei mittlerer Hitze und gelegentlichem Umrühren vermischen. Etwa 10–15 Min. (je nach Reissorte) köcheln lassen. Bei Bedarf noch etwas Gemüsebrühe hinzufügen.
5. Basilikum waschen, Blätter abzupfen und abtrocknen.
6. Reis mit Salz und Pfeffer abschmecken. Den restlichen Feta darüberbröseln und mit Basilikumblättern belegen.

Tipp:
Frische Kräuter hacken und den Tomatenreis damit bestreuen.

Kürbispasta

Ca. 20–25 Min.
Pro Portion: 662 kcal • 93,4 g KH • 21,4 g P • 21,3 g F

Zutaten

Für 2 Portionen

300 g Hokkaidokürbis
100 ml Sahne oder vegane Sahnealternative
100 ml Milch oder Pflanzendrink
400–500 ml Gemüsebrühe
200 g Nudeln, z. B. Hörnchen, Spiralen oder Linguine (Garzeit 8–12 Min.)
1 Zweig Salbei
Salz, Pfeffer
2 EL Parmesan

1. Kürbis waschen, entkernen und sehr klein schneiden oder in der Küchenmaschine zerkleinern.
2. Kürbis, Sahne, Milch und 400 ml Gemüsebrühe in einen Topf geben und aufkochen lassen.
3. Dann die Nudeln hinzufügen und unter gelegentlichem Rühren ca. 8–12 Min. (je nach Nudelsorte) köcheln lassen. Noch etwas Gemüsebrühe hinzufügen, falls die Nudeln sehr viel Flüssigkeit ziehen.
4. Salbei waschen, abtrocknen und nach Belieben kleiner zupfen oder fein hacken.
5. Kürbisnudeln mit Salz und Pfeffer abschmecken und mit Parmesan und Salbei bestreuen.

Tipps:
Die Sahne kann man durch Kokosmilch ersetzen. Mit gehackten Nüssen, zum Beispiel Walnüssen, bestreuen.

Gerichte mit Fleisch und Wurst

Pizza-Baguette

Ca. 20 Min.
Pro Portion: 663 kcal • 58,6 g KH • 36,4 g P • 33,5 g F

Zutaten

Für 2 Portionen

2 Kugeln Mozzarella (à 125 g)
100 g (bunte) Kirschtomaten
1 kleines Baguette (ca. 200 g)
6 Scheiben Salami
¼ Bund Schnittlauch
50 g Rucola
Salz, Pfeffer (optional)
Paprika- oder Chilipulver (optional)

1. Backofen auf 180 °C Umluft vorheizen.
2. Mozzarella gut abtropfen lassen, dann in Scheiben schneiden.
3. Tomaten waschen, abtrocknen und in Scheiben schneiden.
4. Baguette aufschneiden und nach Belieben belegen, z. B. eine Hälfte nur mit Mozzarella und Tomaten, die andere Hälfte mit Salamischeiben, Mozzarella und Tomaten.
5. In den Ofen geben und 12–15 Min. überbacken.
6. Währenddessen Schnittlauch und Rucola verlesen, waschen und abtrocknen. Rucola nach Belieben kleiner zupfen, Schnittlauch in Röllchen schneiden.
7. Baguettehälften nach dem Backen mit Gewürzen, Rucola und Schnittlauch bestreuen.

Tipps:

Die gebackenen Baguettehälften kann man mit etwas Olivenöl beträufeln. Der Belag ist nach Belieben wandelbar: Geeignet sind Schinken, Champignons, Käse, Paprika, Mais und viel mehr. Auf die Baguettehälften kann man auch Pesto oder Tomatensoße streichen.

Flammkuchen

Ca. 20–25 Min.
Pro Portion: 676 kcal • 66,4 g KH • 23,8 g P • 34,5 g F

Zutaten

Für 2 Portionen

1 Rolle Flammkuchenteig (ca. 260 g, auf Backpapier aufgerollt)
150 g Crème fraîche oder Schmand
Salz, Pfeffer
1–2 (rote) Zwiebeln
90 g Katenschinken- oder Speckwürfel
1–2 Lauchzwiebeln (optional)

1. Backofen auf 220 °C Ober-/Unterhitze vorheizen und den Teig mit Backpapier auf einem Backblech ausrollen.
2. Crème fraîche kräftig mit Salz und Pfeffer abschmecken und auf den Teig streichen. Dabei rundherum ca. 1 cm Rand frei lassen.
3. Zwiebel schälen und in Scheiben schneiden oder hobeln. Zusammen mit den Speckwürfeln auf dem Flammkuchenteig verteilen.
4. Im Ofen 12–15 Min. backen.
5. Lauchzwiebeln, falls verwendet, waschen, putzen und in Röllchen schneiden. Vor dem Servieren auf dem gebackenen Flammkuchen verteilen.

Tipp:
Den Flammkuchen kann man auch mit anderen Zutaten-Kombinationen belegen, zum Beispiel Tomaten mit Zwiebeln, Feta mit Tomaten und Oliven oder Paprika mit Lachs und Zwiebeln.

Schinkennudeln

Ca. 20 Min.
Pro Portion: 765 kcal • 103,1 g KH • 36,2 g P • 21 g F

Zutaten

Für 2 Portionen

250 g Nudeln roh, z. B. Ditali, Hörnchen, Farfalle
150 g TK-Erbsen
150 g gekochter Schinken
1 EL Butter oder Öl, z. B. Rapsöl
50 g geriebener Käse, z. B. Emmentaler
Salz, Pfeffer

1. Nudeln in einem Topf mit Salzwasser bissfest kochen (8–12 Min. je nach Nudelsorte), dann abseihen.
2. Währenddessen Erbsen nach Packungsanleitung (3–5 Min.) kochen und Schinken würfeln.
3. Butter in einer großen Pfanne erhitzen und Schinken und Erbsen kurz andünsten.
4. Nudeln und Käse hinzufügen und unter gelegentlichem Rühren in 2–3 Min. erwärmen, bis der Käse schmilzt. Mit Salz und Pfeffer würzen.

Tipps:
Frische Kräuter hacken, zum Beispiel Petersilie, und die Nudeln damit bestreuen. Anstatt der Erbsen kann man auch 1 Zwiebel in Scheiben schneiden und in der Butter mit andünsten.

Karottennudeln mit Hack-Lauch-Sosse

Ca. 25 Min.
Pro Portion: 538 kcal • 19 g KH • 32,3 g P • 37,5 g F

Zutaten

Für 2 Portionen

1 Schalotte oder
½ Zwiebel
1 Stange Lauch
1 EL Öl, z. B. Olivenöl
250 g Hackfleisch vom Rind oder Tatar
150–200 ml Gemüsebrühe
2–3 Karotten
80 g Sahneschmelzkäse
Salz, Pfeffer

1. Schalotte schälen und fein hacken.
2. Lauch putzen und in feine Röllchen schneiden.
3. Öl in einem Topf erhitzen und Schalotte darin glasig andünsten.
4. Hackfleisch hinzufügen und krümelig braten. Lauch hinzufügen und weitere 3 Min. mitbraten.
5. 150 ml Gemüsebrühe hinzufügen und ca. 5–7 Min. mit geschlossenem Deckel köcheln lassen.
6. Währenddessen Karotten waschen, bei Bedarf schälen und mit einem Spiralschneider oder Sparschäler zu Nudeln schneiden. Salzwasser in einem Topf zum Kochen bringen und die Karottennudeln darin in 3–5 Min. bis zur gewünschten Bissfestigkeit garen, dann abseihen.
7. Schmelzkäse in die Hack-Lauch-Soße geben. 1 Min. unter Rühren erwärmen und mit Salz und Pfeffer abschmecken. Nach Belieben noch etwas Gemüsebrühe zugießen.

Tipps:

Frische Kräuter hacken, zum Beispiel Petersilie, und die Karottennudeln damit bestreuen. Anstatt Karottennudeln kann man auch Zucchininudeln oder herkömmliche Teigwaren-Nudeln verwenden. Mit 1 EL Mehl lässt sich die Soße noch etwas binden, dazu 2–3 EL Gemüsebrühe mit Mehl glatt rühren und untermischen, dann kurz aufkochen.

Mexikanische Tacos

Ca. 15–20 Min.
pro Stück: 222 kcal • 15,2 g KH • 12 g P • 15,2 g F

Zutaten

Für 4 Stück

1 kleine rote Paprikaschote
1 Tomate
1 EL Öl, z. B. Olivenöl
200 g Hackfleisch, z. B. Rind
Salz, Pfeffer
½ TL edelsüßes und rosenscharfes Paprikapulver
1 kleine Dose gekochter Mais (ca. 140 g Abtropfgewicht)
1 (rote) Zwiebel
einige Blätter Salat, z. B. Lollo bionda
4 Taco-Schalen
Cayennepfeffer (optional)
Chilipulver (optional)

1. Paprikaschote und Tomate waschen und abtrocknen, putzen, dann beides in kleine Würfel schneiden.
2. Öl in einer Pfanne erhitzen und Hackfleisch krümelig anbraten. Paprika- und Tomatenwürfel mit in die Pfanne geben und 3–5 Min. unter mehrmaligem Rühren mitbraten. Mit Salz, Pfeffer und Paprikapulver würzen.
3. Währenddessen den Mais abtropfen lassen.
4. Zwiebel schälen, halbieren und in feine Scheiben schneiden.
5. Salat putzen, waschen und abtrocknen.
6. 4 Taco-Schalen jeweils mit Salat, Hackfleisch, Tomate, Paprika und Zwiebeln befüllen. Jeweils ca. 1 EL Mais darübergeben. Nach Belieben mit Cayennepfeffer und Chilipulver bestreuen. Reste der Füllung einfach dazu genießen.

Tipps:

Dazu schmeckt zum Beispiel der Joghurt-Kräuter-Dip (S. 169) oder der Avocado-Dip (S. 165). Die Zwiebeln kann man auch mit dem Hackfleisch mitbraten. Für mehr Schärfe 1 Chilischote hacken und darüberstreuen. Anstatt der Taco-Schalen eignen sich auch Tortillafladen.

Minutensteak mit Rosenkohl

Ca. 15–20 Min.
Pro Portion: 447 kcal • 8,7 g KH • 51 g P • 21 g F

Zutaten

Für 2 Portionen

400 g TK-Rosenkohl
4 dünne Minutensteaks (insgesamt ca. 400 g)
Salz, Pfeffer
30 g Butter
1–2 EL Brühe (Gemüse- oder Rinderbrühe)
Salz, Pfeffer

1. TK-Rosenkohl nach Packungsanleitung in 7–10 Min. bissfest garen.
2. Währenddessen Minutensteaks abwaschen. Mit Küchenpapier trocken tupfen und von beiden Seiten mit Salz und Pfeffer würzen.
3. Butter in einer Pfanne erhitzen und die Minutensteaks auf beiden Seiten jeweils ca. 1–2 Min. herausbraten. Dann aus der Pfanne nehmen und warm stellen oder abdecken.
4. Rosenkohl nach Belieben halbieren und in den Bratensaft der Pfanne geben. Brühe hinzufügen und bei mittlerer Hitze unter Rühren ca. 1 Min. anbraten. Mit Salz und Pfeffer abschmecken und zu den Minutensteaks genießen.

Tipp:
Auch lecker: ca. 50–75 g Speck zusammen mit dem Rosenkohl in der Pfanne anbraten.

Tipps:

Schmeckt auch mit Putenhack. Frische Kräuter hacken, zum Beispiel Basilikum, und darübergeben oder mit geriebenem Parmesan bestreuen. Die Fleischbällchen in Tomatensoße schmecken auch mit Reis, Quinoa oder Gemüsenudeln.

Spaghetti mit Fleischbällchen in Tomatensosse

Ca. 20 Min.
Pro Portion: 744 kcal • 96,3 g KH • 36,9 g P • 24,7 g F

Zutaten

Für 2 Portionen

1 Schalotte oder ½ Zwiebel
250 g Hackfleisch, z. B. gemischt
2 TL Tomatenmark
1 TL mittelscharfer Senf
1 EL frische oder TK-Petersilie
Salz, Pfeffer
edelsüßes Paprikapulver
250 g Spaghetti
1 EL Öl, z. B. Olivenöl
1 Dose stückige Tomaten (400 g)
1 TL getrockneter Oregano oder italienische Kräutermischung

1. Schalotte schälen und fein hacken.
2. Hackfleisch mit Schalotte, 1 TL Tomatenmark, Senf, Petersilie und den Gewürzen gut verkneten. Dann kleine Bällchen daraus formen.
3. Spaghetti nach Packungsanleitung kochen (ca. 10 Min.), dann abseihen.
4. Währenddessen Öl in einer Pfanne erhitzen und die Fleischbällchen darin rundherum anbraten.
5. Stückige Tomaten, 1 TL Tomatenmark und Oregano hinzufügen. Mit Salz und Pfeffer würzen und 5–7 Min. bei mittlerer Hitze köcheln lassen, bis die Hackbällchen durchgegart sind.
6. Spaghetti mit Hackbällchen in Tomatensoße genießen.

Würstchen-Erbsen-Topf

Ca. 20 Min.
Pro Portion: 596 kcal • 35,9 g KH • 30,8 g P • 31,3 g F

Zutaten

Für 2 Portionen

1 Karotte
1 Schalotte
1 EL Öl, z. B. Olivenöl
1 Dose stückige Tomaten (ca. 400 g)
2 Gläser gekochte Erbsen (à 250 g)
2 Debreziner oder Würstchen nach Belieben (à ca. 80 g)
Salz, Pfeffer

1. Karotte waschen, abtrocknen, bei Bedarf schälen und in kleine Stücke schneiden.
2. Schalotte schälen und fein hacken.
3. Öl in einem Topf erhitzen und Schalotte darin glasig andünsten.
4. Karotte hinzufügen und 1–2 Min. mitdünsten.
5. Mit stückigen Tomaten ablöschen.
6. 5–7 Min. köcheln lassen, bis die Karotten bissfest gegart sind.
7. Währenddessen Erbsen abseihen und Würstchen in Scheiben schneiden.
8. Restliche Zutaten in den Topf geben und 2–3 Min. mitköcheln lassen. Mit Salz und Pfeffer abschmecken.

Tipps:
Man kann auch TK-Erbsen kochen, anstatt gekochte Erbsen aus dem Glas zu verwenden. Frische Kräuter hacken, zum Beispiel Petersilie, und das Gericht damit bestreuen.

Gnocchi bolognese

Ca. 20–25 Min.
Pro Portion: 606 kcal • 59,3 g KH • 25,5 g P • 28,1 g F

Zutaten

Für 2 Portionen

1 EL Öl, z. B. Olivenöl oder Butter
400 g Gnocchi aus dem Kühlregal
1 Schalotte oder ½ Zwiebel
1 EL Tomatenmark
200 g Hackfleisch, z. B. gemischt
200 g stückige Tomaten
100 ml Gemüsebrühe
Salz, Pfeffer
½ TL getrockneter Oregano
1 Stängel frisches Basilikum

1. Öl oder Butter in einer Pfanne erhitzen und Gnocchi darin unter Wenden anrösten. Dann aus der Pfanne nehmen und in eine Schüssel geben.
2. Schalotte schälen und fein würfeln. Zusammen mit Tomatenmark in die Pfanne geben und kurz andünsten.
3. Hackfleisch hinzufügen und krümelig braten.
4. Mit stückigen Tomaten und Gemüsebrühe ablöschen. Salz, Pfeffer und Oregano hinzufügen und ca. 10 Min. bei mittlerer Hitze köcheln lassen, gelegentlich umrühren.
5. Gnocchi unterheben und unter Rühren 2–3 Min. bei mittlerer Hitze erwärmen.
6. Währenddessen Basilikum waschen, mit Küchenpapier trocken tupfen. Nach Belieben hacken oder Blätter abzupfen und über die Gnocchi geben.

Tipps:
Mit geriebenem Parmesan bestreuen. Nach Belieben 1 Tomate in Würfel schneiden und unterheben. Anstatt Gnocchi kann man auch Schupfnudeln aus dem Kühlregal verwenden oder Nudeln dazu kochen.

Hähnchencurry

Ca. 20–25 Min.
Pro Portion: 605 kcal • 6,2 g KH • 38,6 g P • 46,1 g F

Zutaten

Für 2 Portionen

300 g Hähnchenbrustfilet
1 Schalotte oder ½ Zwiebel
1 Stück Ingwer, ca. 1 cm (optional)
1 Knoblauchzehe
1 EL Öl, z. B. Kokosöl
1 EL gelbe Currypaste
400 ml Kokosmilch
100 ml Gemüsebrühe
Salz, Pfeffer
1 TL Currypulver
1 rote Chilischote
1 Bund Koriander

1. Hähnchenfleisch mit Wasser abbrausen, trocken tupfen und würfeln.
2. Schalotte, Ingwer und Knoblauch schälen und fein hacken.
3. Öl in einer Pfanne erhitzen und Schalotte darin andünsten.
4. Hähnchenfleisch hinzufügen und unter mehrmaligem Wenden anbraten.
5. Knoblauch und Currypaste hinzufügen und ca. 1 Min. mitdünsten.
6. Kokosmilch, Gemüsebrühe, Salz, Pfeffer und Currypulver hinzufügen. Bei mittlerer Hitze 7–10 Min. köcheln lassen, bis das Hähnchenfleisch durchgegart ist.
7. Währenddessen die Chilischote waschen, abtrocknen und in Scheiben schneiden.
8. Koriander waschen, trocken schütteln und fein hacken.
9. Hähnchencurry mit Gewürzen abschmecken und mit Chilischotenstücken und Koriander bestreuen.

Tipps:

Dazu schmeckt Reis oder Fladenbrot. Man kann auch Paprikaschoten, Karotten oder Zuckerschoten mitgaren. Alternativ fettreduzierte Kokosmilch verwenden oder 100 ml Kokosmilch durch Gemüsebrühe ersetzen.

Tipps:

Dazu schmecken auch Nudeln, Quinoa oder Gnocchi. Anstatt 1 Dose Erbsen und Möhren kann man ca. 50 g TK-Erbsen und eine Karotte mitgaren. Die Karotte dafür in kleine Würfel oder dünne Scheiben schneiden.

Hähnchen-Erbsen-Möhren-Pfanne mit Reis

Ca. 20–25 Min.
Pro Portion: 867 kcal • 72,1 g KH • 47,1 g P • 40,6 g F

Zutaten

Für 2 Portionen

1 kleines Glas Champignons (ca. 170 g Abtropfgewicht)
1 kleine Dose Erbsen mit Möhren (ca. 130 g)
300 g Hähnchenbrustfilet
1 Schalotte oder ½ Zwiebel
1 EL Butter, Butterschmalz oder Öl, z. B. Rapsöl
150 g Reis nach Belieben, z. B. Parboiled oder Naturreis (mit einer Kochzeit von ca. 10 Min.)
200 ml Schlagsahne oder Sahneersatz
150 ml Gemüsebrühe
1–2 EL Mehl

1. Champignons und Erbsen mit Möhren jeweils in ein Sieb geben und abtropfen lassen.
2. Hähnchenfleisch mit Wasser abbrausen, trocken tupfen und würfeln.
3. Schalotte schälen und fein hacken. Butter in einer Pfanne erhitzen und Schalotte darin glasig andünsten.
4. Hähnchenfleisch in die Pfanne geben und unter mehrmaligem Wenden anbraten. Dann aus der Pfanne in eine Schüssel geben.
5. In der Zwischenzeit den Reis nach Packungsanleitung garen (ca. 10–15 Min.).
6. Pilze in die Pfanne geben und 2–3 Min. unter mehrmaligem Wenden scharf anbraten.
7. Hähnchen-Schalotten-Mix hinzufügen, mit Sahne und Gemüsebrühe ablöschen und ca. 5–7 Min. köcheln lassen, bis das Hähnchenfleisch durchgegart ist.
8. Ca. 3 EL der Soße aus der Pfanne abnehmen und in ein kleines Gefäß geben. 1 EL Mehl hinzufügen und alles glatt rühren.
9. Mehl-Soßen-Mix in die Pfanne geben und einrühren. Soße einköcheln lassen. Ist sie noch zu dünnflüssig, mit einem weiteren EL Mehl so verfahren, bis die gewünschte Konsistenz erreicht ist.
10. Erbsen mit Möhren hinzufügen, einrühren und 1–2 Min. in der Pfanne erwärmen.
11. Mit Reis genießen.

Chicken Wrap

Ca. 15 Min.
pro Stück: 355 kcal • 27,6 g KH • 31 g P • 12,1 g F

Zutaten

Für 2 Stück

einige Blätter Salat, z. B. Lollo bionda oder Endivien
4 Kirschtomaten
1 Stück Zucchini oder Salatgurke (ca. 100 g)
100 g Joghurt
2 EL Schmand oder saure Sahne
Salz, Pfeffer
200 g Hähnchenbrustfilet
1 EL Öl, z. B. Olivenöl
2 Tortillawraps

1. Salat waschen, abtrocknen und bei Bedarf kleiner zupfen.
2. Tomaten und Zucchini waschen, abtrocknen und vierteln oder in Stifte schneiden.
3. Joghurt und Schmand verrühren und mit Salz und Pfeffer abschmecken.
4. Hähnchenfleisch mit Wasser abbrausen, trocken tupfen und in Streifen schneiden. Mit Salz und Pfeffer würzen.
5. Öl in einer Pfanne erhitzen und Hähnchenfleisch rundherum in ca. 5 Min. kräftig anbraten und durchgaren.
6. Wraps in der Mikrowelle oder im Backofen kurz anwärmen.
7. Dann mit Soße bestreichen und mit Salat, Tomaten, Zucchini und Hähnchenfleisch mittig belegen und die Seiten übereinanderklappen. Reste der Füllung und Soße kann man dazu genießen.

Tipps:

Für eine vegetarische beziehungsweise vegane Variante kann das Hähnchenfleisch durch Käse oder Bohnen ersetzt werden: Zum Beispiel 200 g Feta würfeln oder Kidneybohnen aus der Dose gut abtropfen lassen und auf die Wraps geben.

Chicken Nuggets mit Cornflakes-Panade

Ca. 15–20 Min.
Pro Portion: 771 kcal • 87 g KH • 58,5 g P • 18,7 g F

Zutaten

Für 2 Portionen

400 g Hähnchenbrustfilet
120 g Cornflakes
¼ TL edelsüßes Paprikapulver
1 TL Salz
½ TL Pfeffer
100 g Mehl
1 Ei
3 EL Öl, z. B. Rapsöl oder Butterschmalz

1. Fleisch mit Wasser abbrausen, trocken tupfen und in grobe Stücke schneiden.
2. Cornflakes und Gewürze mit einer Küchenmaschine etwas zerkleinern.
3. In 2 tiefe Teller jeweils Mehl und Cornflakes-Gewürz-Mischung füllen. In einem weiteren tiefen Teller das Ei verquirlen.
4. Hähnchenfleischstücke nun erst im Mehl wälzen, dann ins Ei tunken und dann mit der Cornflakes-Gewürz-Mischung panieren.
5. Öl in einer Pfanne erhitzen und die Chicken Nuggets nach und nach darin ausbacken. Auf jeder Seite 2–3 Min. anbraten, dann wenden. Zum Abtropfen auf eine doppelte Lage Küchenpapier geben und abtupfen.

Tipp:
Dazu schmeckt Ketchup, Tomatensoße oder ein Dip (ab S. 161).

Puten-Paprika-Ragout

Ca. 20–25 Min.
Pro Portion: 647 kcal • 90,3 g KH • 40,4 g P • 11,3 g F

Zutaten

Für 2 Portionen

1 Schalotte oder ½ Zwiebel
250 g Putenbrustfilet
2 Paprikaschoten, z. B. grün und gelb
200 g Reis nach Belieben, z. B. Parboiled oder Naturreis (mit einer Kochzeit von ca. 10 Min.)
1 EL Öl, z. B. Rapsöl
250 ml Gemüsebrühe
1 ½ EL Tomatenmark
Salz, Pfeffer
1 TL edelsüßes Paprikapulver
2–3 EL saure Sahne oder Crème fraîche

1. Schalotte schälen und fein hacken.
2. Putenfleisch mit Wasser abbrausen, trocken tupfen und in kleine Stücke schneiden.
3. Paprikaschoten waschen, entkernen und in kleine Würfel schneiden.
4. Reis nach Packungsanleitung garen (ca. 10–15 Min.).
5. Öl in einer Pfanne erhitzen und die Schalotte darin andünsten.
6. Putenfleisch ebenfalls in die Pfanne geben und in ca. 3 Min. rundherum anbraten.
7. Gemüsebrühe und Tomatenmark unterrühren. Mit Salz, Pfeffer und Paprikapulver würzen. Dann alles in 5–7 Min. (je nach Größe der Stücke) durchgaren.
8. Saure Sahne unterheben und mit Gewürzen abschmecken.

Tipps:
Mit 1–2 EL Mehl kann man die Soße noch etwas binden. Dazu 2–3 EL Gemüsebrühe mit dem Mehl glatt rühren und untermischen, dann kurz aufkochen. Anstatt Reis schmecken auch Nudeln oder Gemüsenudeln als Beilage.

Hähnchen-Brokkoli-Nudeln

Ca. 20–25 Min.
Pro Portion: 774 kcal • 81,5 g KH • 36,7 g P • 31 g F

Zutaten

Für 2 Portionen

200 g Nudeln, z. B. Penne, Spiralen
300 g Brokkoli
150 g Hähnchenbrustfilet
Salz, Pfeffer
1 Schalotte oder ½ Zwiebel
1 EL Butter, Butterschmalz oder Öl, z. B. Rapsöl
100 ml Schlagsahne oder Sahneersatz
150 ml Gemüsebrühe
30 g geriebener Parmesan

1. Nudeln nach Packungsanleitung bissfest kochen (ca. 10 Min.), dann abseihen.
2. Währenddessen Brokkoli putzen, in Röschen teilen, waschen und abtropfen lassen. Dann nach Belieben noch kleiner schneiden.
3. Hähnchenfleisch mit Wasser abbrausen, trocken tupfen und würfeln. Mit Salz und Pfeffer würzen.
4. Schalotte schälen und fein hacken.
5. Butter in einer Pfanne erhitzen und die Schalotte darin glasig andünsten.
6. Hähnchenfleisch in die Pfanne hinzufügen und unter mehrmaligem Wenden anbraten. Dann aus der Pfanne in eine Schüssel geben.
7. Sahne und Gemüsebrühe in die Pfanne geben. Mit Salz und Pfeffer würzen und kurz aufkochen lassen. Brokkoli hinzufügen und 7–10 Min. köcheln lassen, bis er weich gekocht ist.
8. Dann gegarte Nudeln und Parmesan hinzufügen und vermischen. Für ca. 2–3 Min. unter Rühren erwärmen.

Tipps:
Frische Kräuter hacken, zum Beispiel Basilikum, und die Nudeln damit bestreuen. Anstatt Nudeln schmecken auch Gnocchi aus dem Kühlregal oder Reis.

Hähnchen-Schaschlik

Ca. 20–25 Min.
Pro Portion: 406 kcal • 10,9 g KH • 60 g P • 11,6 g F

Zutaten

Für 2 Portionen

300 g Hähnchen- oder Putenbrustfilet
1 kleine rote Paprikaschote
1 kleine gelbe Paprikaschote
1 (rote) Zwiebel
Salz, Pfeffer
2 EL Öl, z. B. Olivenöl
1 ½ TL getrockneter Oregano

1. Hähnchenfleisch mit Wasser abbrausen, trocken tupfen und in etwa gleich große Würfel schneiden.
2. Paprikaschoten putzen, waschen und in Stücke schneiden.
3. Zwiebel schälen, halbieren und Scheiben abzupfen.
4. Hähnchenfleisch, Paprika und Zwiebel auf Spieße stecken. Mit Salz und Pfeffer würzen.
5. Öl mit Oregano vermischen und die Spieße damit bepinseln.
6. Hähnchenspieße und falls vorhanden Reste von Oregano-Öl und Gemüse in eine Pfanne geben und erhitzen. Spieße und Gemüsereste erst von allen Seiten rundherum anrösten, dann bei niedriger Hitze in ca. 5–7 Min. durchgaren.

Tipps:
Frische Kräuter wie Petersilie hacken und die Spieße damit bestreuen. Dazu schmecken die Dips ab S. 161, ein Salat oder Rohkost. Paprika kann man auch durch Tomaten oder Zucchini ersetzen.

Gerichte mit Fisch und Meeresfrüchten

Lachsnudeln

Ca. 15 Min.
Pro Portion: 884 kcal • 96,4 g KH • 30,9 g P • 40,6 g F

Zutaten

Für 2 Portionen

250 g Nudeln roh, z. B. Farfalle oder Bandnudeln
200 g frisches Lachsfilet
Salz, (weißer) Pfeffer
1 EL Butter oder Öl, z. B. Rapsöl
Saft von ½ Zitrone
100 ml Sahne oder Sahnealternative
50 ml Gemüsebrühe
2 EL Frischkäse

1. Nudeln nach Packungsanleitung bissfest kochen (ca. 10 Min.), dann abseihen.
2. Währenddessen Lachsfilet mit Wasser abbrausen, trocken tupfen und in Stücke schneiden. Dann mit Salz und Pfeffer würzen.
3. Butter in einer Pfanne erhitzen und Lachswürfel darin rundherum 2–3 Min. anbraten. Zitronensaft darüberträufeln.
4. Sahne, Gemüsebrühe und Frischkäse einrühren und 2–3 Min. köcheln lassen, bis die Soße eindickt.
5. Mit Salz und Pfeffer abschmecken.
6. Lachssoße auf die Nudeln geben oder diese mit der Soße in der Pfanne vermischen.

Tipp:
Frische Petersilie oder Dill hacken und die Lachsnudeln damit bestreuen oder die Kräuter in die Soße einrühren.

SALT

Tipp:
Auch lecker: 1 EL geriebenen Parmesan in die Kräutermasse für die Kruste mischen.

Fisch mit Kräuterkruste und Tomatensalsa

Ca. 25 Min.
Pro Portion: 603 kcal • 27,3 g KH • 36,6 g P • 37,9 g F

Zutaten

Für 2 Portionen

2 Fischfilets (à 150 g), z. B. Rotbarsch- oder Seelachsfilets
Salz, Pfeffer
1 Bund Kräuter, z. B. Petersilie oder gemischt mit Basilikum, Thymian, Dill
1 Zwiebel
2 Scheiben Toastbrot
2 EL weiche Butter
1 TL mittelscharfer Senf
4 Tomaten
1 Knoblauchzehe
2 EL Öl, z. B. Olivenöl
Saft von ½ Zitrone

1. Backofen auf 200 °C Umluft vorheizen.
2. Fischfilets mit Wasser abbrausen, trocken tupfen und mit Salz und Pfeffer würzen.
3. Kräuter waschen, trocken schütteln. Zwiebel schälen und zusammen mit den Kräutern fein hacken. 1 EL Kräuter für die Salsa aufbewahren.
4. Toast ebenfalls hacken.
5. Kräuter, 1 EL Zwiebelwürfel, Toast, Butter, Salz und Pfeffer in einer Schüssel mit einer Gabel vermengen.
6. Fischfilets mit Senf bestreichen und mit der Kräutermasse dick bestreichen. Etwas andrücken.
7. In eine gefettete Auflaufform geben und im Ofen 12–15 Min. (je nach Fischsorte) backen.
8. Währenddessen Tomaten waschen, putzen und würfeln.
9. Mit den restlichen Zwiebeln und Kräutern in eine Schüssel geben. Knoblauch schälen und hinzupressen. Mit Öl, Zitronensaft, Salz und Pfeffer vermischen und abschmecken.
10. Den gebackenen Fisch mit Kräuterkruste und Tomatensalsa genießen.

Fisch mit cremiger Tomatensosse

Ca. 20–25 Min.
Pro Portion: 451 kcal • 11,1 g KH • 39,6 g P • 26,7 g F

Zutaten

Für 2 Portionen

2 Fischfilets (à 200 g), z. B. Kabeljau, Seelachs
Salz, Pfeffer
1 Bund Kräuter, z. B. Petersilie oder gemischt mit Basilikum, Thymian, Dill
1 Schalotte oder ½ Zwiebel
1 Knoblauchzehe
2 EL Öl, z. B. Olivenöl
1 EL Tomatenmark
1 Dose stückige Tomaten (400 g)
100 ml Sahne
edelsüßes und rosenscharfes Paprikapulver

1. Fischfilets mit Wasser abbrausen, trocken tupfen, jeweils halbieren und mit Salz und Pfeffer würzen.
2. Kräuter waschen, trocken schütteln und fein hacken.
3. Schalotte und Knoblauch schälen und in feine Würfel schneiden.
4. 1 EL Öl in einer Pfanne erhitzen und die Fischstücke von beiden Seiten scharf anbraten. Dann aus der Pfanne nehmen.
5. Wieder 1 EL Öl in die Pfanne geben, Schalotte und Knoblauch glasig dünsten. Tomatenmark einrühren und kurz mitdünsten.
6. Stückige Tomaten, Salz, Pfeffer und Kräuter hinzufügen und ca. 5 Min. bei mittlerer Hitze köcheln lassen.
7. Sahne dazugeben und einrühren. Alles mit Paprikapulver abschmecken. Fischstücke in die Soße geben. Bei niedriger Hitze in ca. 3–5 Min. fertig garen.

Tipps:

Frische Kräuter hacken, zum Beispiel Petersilie, und den Fisch damit bestreuen. In der Tomatensoße kann man auch noch 100 g Zucchinistücke mitkochen. Dazu schmeckt Baguette, Quinoa, Reis oder ein Salat.

Fischfilet mit Spinat-Orzo-Pasta

Ca. 20–25 Min.
Pro Portion: 776 kcal • 77,6 g KH • 49,3 g P • 32 g F

Zutaten

Für 2 Portionen

200 g Orzo-Pasta (Risoni)
2 Lachsfilets (à 150 g)
2 EL Zitronensaft
Salz, (weißer) Pfeffer
150 g Blattspinat
1 Knoblauchzehe
2 EL Butter oder Öl, z. B. Rapsöl
1–2 EL Gemüsebrühe oder Wasser
1 EL Öl, z. B. Olivenöl
30 g geriebener Parmesan

1. Orzo-Pasta in einem Topf mit Salzwasser nach Packungsanleitung bissfest kochen (8–10 Min.), dann abseihen und ca. 50 ml Garwasser auffangen.
2. Währenddessen Lachsfilets mit Wasser abbrausen, trocken tupfen und jeweils mit 1 EL Zitronensaft beträufeln. Mit Salz und Pfeffer würzen.
3. Blattspinat verlesen, waschen und abtropfen lassen.
4. Knoblauch schälen und fein hacken.
5. Butter in einer Pfanne erhitzen und Knoblauch 1 Min. andünsten. Dann Blattspinat und 1–2 EL Gemüsebrühe hinzufügen. Ca. 5 Min. bei mittlerer Hitze und unter Rühren zusammenfallen lassen.
6. Währenddessen Öl in eine weitere Pfanne geben und die Filets erst von beiden Seiten jeweils 1–2 Min. bei hoher Hitze anbraten, dann bei mittlerer Hitze 4–6 Min. durchgaren.
7. Orzo-Pasta und Parmesan zum Spinat in die Pfanne geben und verrühren. Bei Bedarf 2–3 EL des Garwassers unterrühren. Mit Salz und Pfeffer abschmecken.
8. Den Lachs mit Orzo-Spinat-Pasta genießen.

Tipps:
Frische Kräuter hacken, zum Beispiel Petersilie, und den Lachs damit bestreuen. Lachs kann man durch einen anderen Fisch, wie Rotbarsch- oder Seelachsfilet, ersetzen. Anstatt Orzo-Pasta schmeckt auch Reis.

Fisch-Zucchini-Pfanne

Ca. 15–20 Min.
Pro Portion: 536 kcal • 13,2 g KH • 33,3 g P • 37,5 g F

Zutaten

Für 2 Portionen

2 Fischfilets à 150 g, z. B. Kabeljau, Seelachs
Saft von 1 Zitrone
Salz, Pfeffer
1 Zucchini, ca. 300 g
1 Bund Kräuter, z. B. Dill oder Petersilie
2 Lauchzwiebeln
6 Kirschtomaten
2 EL Öl, z. B. Olivenöl
150 ml Sahne
3 EL Frischkäse
1 EL Tomatenmark
edelsüßes und rosenscharfes Paprikapulver

1. Fischfilets mit Wasser abbrausen, trocken tupfen, jeweils halbieren und mit Zitronensaft beträufeln. Mit Salz und Pfeffer würzen, dann kurz marinieren lassen.
2. Währenddessen Zucchini waschen, abtrocknen, harte Enden entfernen und in Stücke schneiden.
3. Kräuter waschen, trocken schütteln und fein hacken.
4. Lauchzwiebeln putzen und in feine Röllchen schneiden.
5. Tomaten waschen, abtrocknen und in kleine Stücke schneiden.
6. 1 EL Öl in einer Pfanne erhitzen und die Fischstücke von beiden Seiten scharf anbraten, dann aus der Pfanne nehmen.
7. Nochmals 1 EL Öl in die Pfanne geben. Lauchzwiebeln, Zucchinistücke und Tomaten hinzufügen und ca. 3 Min. andünsten.
8. Kräuter einrühren und kurz mitdünsten. Dann Sahne, Frischkäse und Tomatenmark hinzufügen und gut verrühren. Fischfilets hinzufügen und 2–3 Min. bei mittlerer Hitze köcheln lassen, bis Fisch und Gemüse gar sind.
9. Mit Salz, Pfeffer und Paprikapulver abschmecken.

Tipp:
Mit 1–2 EL Mehl kann man die Soße noch etwas binden: Das Mehl untermischen, glatt rühren und kurz aufkochen.

Fisch-Fritters

Ca. 20–25 Min.
Pro Portion: 405 kcal • 18,2 g KH • 40,7 g P • 18,3 g F

Zutaten

Für 2 Portionen

400 g Fischfilets, z. B. Kabeljau, Seelachs
1 Schalotte oder ½ Zwiebel
1 Knoblauchzehe
1 Bund Kräuter, z. B. Petersilie
50–60 g Semmelbrösel
1 Ei
1 EL Zitronensaft
Salz, Pfeffer
edelsüßes und rosenscharfes Paprikapulver
2 EL Öl, z. B. Olivenöl oder Butter

1. Fischfilets mit Wasser abbrausen, trocken tupfen, dann fein hacken.
2. Schalotte und Knoblauch schälen und fein würfeln.
3. Kräuter waschen, trocken schütteln und fein hacken.
4. Alle Zutaten bis auf das Öl in einer Schüssel verkneten. Mit 50 g Semmelbröseln beginnen und noch etwas mehr hinzufügen, wenn die Masse zu klebrig ist. Zu 4 Frikadellen formen.
5. Öl in einer Pfanne erhitzen und die Fischstücke auf jeder Seite 5–6 Min. goldbraun braten.

Tipps:
Zu den Fisch-Fritters schmecken die Dips ab S. 161, Salat oder Rohkost. Man kann sie auch als Fischburger in einem Brötchen genießen.

Garnelen-Mango-Curry mit Reis

Ca. 20–25 Min.
Pro Portion: 721 kcal • 82,3 g KH • 24 g P • 30,8 g F

Zutaten

Für 2 Portionen

1 Schalotte
1 Knoblauchzehe
1 rote Paprika- oder Spitzpaprikaschote
250 g küchenfertige Garnelen
Salz, Pfeffer
150 g Reis nach Belieben, z. B. Parboiled oder Naturreis (mit einer Kochzeit von ca. 10–15 Min.)
2 EL Öl, z. B. Kokosöl
1 EL gelbe Currypaste
200 ml Kokosmilch
250 ml Gemüsebrühe oder Wasser
1 Mango
2 Lauchzwiebeln
Saft von 1 Limette

1. Schalotte und Knoblauch schälen und fein hacken. Paprikaschote waschen, abtrocknen, putzen und in kleine Stücke schneiden.
2. Garnelen mit Wasser abbrausen und trocken tupfen. Mit Salz und Pfeffer würzen.
3. Reis nach Packungsanleitung garen (ca. 10–15 Min.).
4. Währenddessen 1 EL Öl in einer Pfanne erhitzen. Die Garnelen 1–2 Min. darin von beiden Seiten anbraten. Dann auf einen Teller geben.
5. Nochmals 1 EL Öl in die Pfanne geben und die Schalotte darin glasig andünsten. Knoblauch und Paprika hinzufügen und kurz mitdünsten.
6. Dann Currypaste, Kokosmilch und Gemüsebrühe unterrühren. Mit Salz und Pfeffer würzen. 5–7 Min. köcheln lassen, bis die Paprikastücke bissfest gegart sind.
7. In der Zwischenzeit Mango schälen und entkernen, dann das Fruchtfleisch würfeln.
8. Lauchzwiebeln putzen und in Röllchen schneiden.
9. Mangostücke in die Pfanne geben und untermischen. Bei mittlerer Hitze 3–4 Min. mitköcheln lassen.
10. Garnelen zum Curry geben, untermischen und 1 Min. mitköcheln lassen. Mit Limettensaft, Salz und Pfeffer abschmecken.
11. Das Garnelen-Mango-Curry mit den Lauchröllchen bestreuen. Mit Reis genießen.

Tipps:

Für mehr Schärfe sorgen Cayennepfeffer oder Chilipulver. Frischen Koriander hacken und die Garnelen damit bestreuen.

Garnelen-Couscous-Pfanne

Ca. 15–20 Min.
Pro Portion: 445 kcal • 52 g KH • 24,4 g P • 13,9 g F

Zutaten

Für 2 Portionen

250 g küchenfertige Garnelen
1 Schalotte oder kleine Zwiebel
3 Stängel Petersilie
1 Stück Zucchini (ca. 150 g)
150 g Couscous
300 ml Gemüsebrühe oder Wasser
1 EL Öl, z. B. Olivenöl
1 EL Butter oder Margarine
Salz, Pfeffer

1. Garnelen mit Wasser abbrausen und trocken tupfen.
2. Schalotte schälen und fein würfeln.
3. Petersilie waschen, trocken schütteln, kleiner zupfen oder hacken.
4. Zucchini waschen, abtrocknen und in kleine Würfel schneiden.
5. Gemüsebrühe oder Wasser zum Kochen bringen und über das Couscous gießen. Nach Packungsanleitung quellen lassen (ca. 5 Min.), dann mit einer Gabel auflockern.
6. Öl in einer Pfanne erhitzen, Schalotte darin 1 Min. andünsten.
7. Dann Zucchini hinzufügen und 3–4 Min. unter Rühren andünsten.
8. Garnelen dazugeben und 2–3 Min. unter Rühren anbraten.
9. Couscous mit Butter hinzufügen und alles verrühren.
10. Mit Salz und Pfeffer abschmecken und mit Petersilie bestreuen.

Tipp:
Das Couscous lässt sich durch Reis oder Orzo-Pasta (Risoni) ersetzen.

Snacks

Tipp:
Frische Kräuter hacken, zum Beispiel Petersilie, und die Sandwiches damit bestreuen.

Thunfisch-Sandwich

Ca. 10–15 Min.
Pro Portion: 475 kcal • 52,7 g KH • 36,8 g P • 9,8 g F

Zutaten

Für 2 Portionen

1 gelbe Paprikaschote
1 Dose Thunfisch im eigenen Saft (ca. 150 g)
2 Stängel Petersilie oder Basilikum oder 1 EL TK-Kräuter
4 Scheiben Brot oder Toast
½ (rote) Zwiebel
1 Tomate
4 EL Frischkäse
Salz, Pfeffer
2 Blätter Salat, z. B. Endivien, Lollo bionda

1. Paprikaschote putzen, waschen und abtrocknen. ½ Paprikaschote in feine Würfel schneiden und zusammen mit dem Thunfisch in eine Schüssel geben. Restliche Paprika in Streifen schneiden.
2. Petersilie waschen, trocken schütteln und fein hacken.
3. Die Brotscheiben nach Belieben toasten.
4. Zwiebel schälen und in feine Scheiben oder Würfel schneiden.
5. Tomate waschen, abtrocknen und halbieren. Eine Hälfte fein würfeln, die andere Hälfte in Viertel schneiden.
6. Petersilie, Zwiebel- und Tomatenwürfel zusammen mit dem Frischkäse in die Schüssel zum Thunfisch geben. Mit der Gabel vermischen und mit Salz und Pfeffer abschmecken.
7. Salat waschen und abtrocknen.
8. 2 Brotscheiben mit Salat und Tomatenscheiben belegen. Thunfischmix darauf verteilen, dann die restlichen Brotscheiben als Deckel auflegen. Paprikasticks und Tomatenviertel einfach dazu knabbern.

Fisch-Feta-Sandwich

Ca. 15 Min.
Pro Portion: 597 kcal • 53,4 g KH • 33,3 g P • 24,8 g F

Zutaten

Für 2 Portionen

150 g Fischfilet oder -steak, z. B. von Lachs oder Thunfisch
2 EL Öl, z. B. Rapsöl
Salz, Pfeffer
Cayennepfeffer
2 Stängel Petersilie
2 schwarze, entsteinte Oliven
4 Scheiben Brot, z. B. Roggenmischbrot
30 g Feta/Schafskäse

1. Den Fisch mit Wasser abbrausen und trocken tupfen.
2. Öl mit Salz, Pfeffer und Cayennepfeffer vermischen und den Fisch von allen Seiten damit bestreichen.
3. Fisch in eine Pfanne geben und von beiden Seiten ca. 1–2 Min. braten. Je nach Dicke der Stücke und Belieben den Thunfisch innen noch etwas glasig belassen oder den Lachs bei niedriger Hitze in weiteren 1–3 Min. fertig garen.
4. Währenddessen Petersilie waschen, trocken schütteln und kleiner zupfen oder hacken.
5. Oliven in Scheiben schneiden.
6. Brotscheiben nach Belieben toasten, mit einem Tischgrill angrillen oder auch in einer Pfanne von beiden Seiten kurz anbraten. Dann den Fisch im Ganzen oder mit der Gabel zerteilt auf 2 Brotscheiben geben. Jeweils mit Oliven belegen und Feta darüberbröseln. Mit Petersilie bestreuen und die beiden restlichen Brotscheiben darauflegen.

Tipps:

Anstatt Brotscheiben kann man Brötchen verwenden. Auch lecker: Die Brotscheiben mit Pesto bestreichen, mit Salat und Fisch belegen.

Pita-Pizza: Variationen

Pita-Pizza mit Gemüse und Feta

Ca. 20 Min.
Pro Portion: 369 kcal • 47,8 g KH • 12,3 g P • 12,7 g F

Zutaten

Für 2 Portionen

2 Pitabrote, z. B. Ø 17 cm
2–4 Cocktailtomaten
1 Stück Zucchini (ca. 60 g)
½ gelbe Paprikaschote
1 Schalotte oder kleine (rote) Zwiebel
1 EL Öl, z. B. Olivenöl
1 TL getrockneter Oregano
Salz, Pfeffer
3–4 EL passierte oder stückige Tomaten
50 g Feta/Schafskäse oder Mozzarella

1. Backofen auf 200 °C Ober-/Unterhitze vorheizen.
2. Gemüse waschen und putzen. Tomaten in Scheiben schneiden. Zucchini und Paprika würfeln.
3. Schalotte schälen und in feine Ringe schneiden.
4. Gemüse und Schalotte mit Öl, Oregano, Salz und Pfeffer in einer Schüssel vermischen.
5. Pitabrote mit passierten Tomaten bestreichen und mit der Gemüsemischung belegen. Feta darüberbröseln.
6. Im Ofen ca. 10–15 Min. backen.

Pita-Pizza mit Rucola und Parmaschinken

Ca. 15–20 Min.
Pro Portion: 505 kcal • 43,8 g KH • 32,3 g P • 21,9 g F

Zutaten

Für 2 Portionen

1 Kugel Mozzarella (à 125 g)
2 Pitabrote, z. B. Ø 17 cm
3–4 EL passierte oder stückige Tomaten
½ TL getrockneter Oregano
2 Handvoll Rucola
4 Scheiben Parmaschinken
Parmesan am Stück (nach Belieben)

1. Backofen auf 200 °C Ober-/Unterhitze vorheizen.
2. Mozzarella gut abtropfen lassen, dann in Scheiben schneiden.
3. Pitabrote mit passierten Tomaten bestreichen, mit Oregano bestreuen und mit Mozzarella belegen.
4. Im Ofen 7–10 Min. backen.
5. Währenddessen Rucola verlesen, waschen und abtrocknen.
6. Gebackene Pitabrote aus dem Ofen nehmen, mit Parmaschinken und Rucola belegen.
7. Parmesan darüberraspeln.

Pita-Pizza mit Thunfisch

Ca. 20 Min.
Pro Portion: 490 kcal • 45,1 g KH • 40,3 g P • 16,3 g F

Zutaten

Für 2 Portionen

2 Pitabrote, z. B. Ø 17 cm
1 Kugel Mozzarella (à 125 g)
1 (rote) Zwiebel
3–4 EL passierte oder stückige Tomaten
½ TL getrockneter Oregano
½ Dose Thunfisch im eigenen Saft (ca. 75 g)

1. Backofen auf 200 °C Ober-/Unterhitze vorheizen.
2. Mozzarella gut abtropfen lassen, dann in Scheiben schneiden.
3. Zwiebel schälen und in Ringe schneiden.
4. Pitabrote mit passierten Tomaten bestreichen und mit Oregano bestreuen.
5. Thunfisch und Zwiebelringe darauf verteilen und mit Mozzarellascheiben belegen.
6. Im Ofen ca. 10–15 Min. backen.

Blitz-Brötchen

Ca. 25–30 Min.
Pro Portion: 172 kcal • 20,1 g KH • 10,4 g P • 4,8 g F

Zutaten

Für ca. 8 Stück

2 Eier
250 g Magerquark
250 g Haferflocken
2 TL Backpulver
1 TL Salz
1–2 EL Mischung aus Kernen oder Saaten nach Belieben, z. B. Sonnenblumen- oder Kürbiskerne, Leinsamen

1. Backofen auf 200 °C Ober-/Unterhitze vorheizen und ein Backblech mit Backpapier belegen.
2. Eier mit Magerquark verrühren.
3. Alle Zutaten bis auf die Kern-Saaten-Mischung hinzufügen und gut vermengen. 8 Kleckse mit Abstand zueinander auf das Backblech setzen, dann die Kerne und Saaten darüberstreuen und leicht andrücken.
4. Im Ofen ca. 20 Min. backen.

Tipps:
Die Brötchen kann man auch sehr gut einfrieren. Dazu schmecken zum Beispiel die Dips ab S. 161.

Süsskartoffel-Toasties

Ca. 15–20 Min.
pro Portion (nur Süßkartoffeln): 278 kcal • 60,3 g KH • 4 g P • 1,5 g F

Zutaten

Für 2 Portionen

1–2 Süßkartoffeln, insgesamt ca. 500 g
Belag nach Belieben, z. B.

- 1 Salatblatt, 1 Scheibe Käse, Kräuter
- Aufstrich aus grünem Pesto; 1 Ei, gekocht und in Scheiben geschnitten
- Frischkäse, Tomatenscheiben
- Tomaten, Oliven, Feta/ Schafskäse

1. Süßkartoffel gründlich waschen, gut abtrocknen, bei Bedarf schälen, dann in etwa 0,5 cm dicke Scheiben schneiden.
2. Die Süßkartoffelscheiben 2–3-mal toasten. Sie sollten außen knusprig und innen weich sein.
3. Nach Belieben belegen und sofort genießen.

Tipps:
Man kann die Dips ab S. 161 aufstreichen. Schmeckt auch als süße Variante, zum Beispiel mit Mandelmus, Banane, Mandelsplittern oder Hüttenkäse mit Erdbeeren.

Parmesanchips

Ca. 15 Min.
Pro Portion: 150 kcal • 0,1 g KH • 12,4 g P • 10,9 g F

Zutaten

Für 4 Portionen

150 g geriebener Parmesan
1 Prise edelsüßes oder rosenscharfes Paprikapulver
1 TL getrocknete Kräuter nach Belieben, z. B. Oregano, italienische Kräutermischung, Basilikum

1. Backofen auf 160 °C Umluft vorheizen und ein Backblech mit Backpapier auslegen.
2. Parmesan mit Paprikapulver und getrockneten Kräutern vermischen.
3. Jeweils 1 EL Parmesanmischung auf das Backblech geben und Abstand zwischen den einzelnen Klecksen belassen.
4. Im Ofen 8–10 Min. backen.

Tipp:
Man kann auch Minisalami-Stücke auf die Parmesankleckse geben und mitbacken.

Pfannenbrot

Ca. 15 Min.
pro Stück: 207 kcal • 28,4 g KH • 5,4 g P • 7,5 g F

Zutaten

Für 4 Stück

150 g Mehl, z. B. Weizenmehl Type 405 + etwas mehr zum Verarbeiten
½ TL Salz
½ TL Backpulver
100 g Joghurt, z. B. griechischer Naturjoghurt
ca. 4 TL Öl zum Ausbacken

1. Alle Zutaten in einer Schüssel verrühren.
2. 1 TL Öl und dann ca. ¼ des klebrigen Teigs mit einem Löffel in die Pfanne geben und mit dem Pfannenwender platt drücken (ca. 0,5 cm hoch). Etwa 2–3 Min. pro Seite backen, dann wenden.
3. Vor jedem Bratvorgang 1 TL Öl in die Pfanne geben. Mit dem restlichen Teig noch 3 weitere Pfannenbrote ausbacken.

Tipp:
Unter den Teig kann man auch 1 TL getrocknete Kräuter nach Belieben mischen.

Griess-Joghurt mit Beeren

Ca. 10–15 Min.
Pro Portion: 224 kcal • 34,5 g KH • 11,1 g P • 3,6 g F

Zutaten

Für 2 Portionen

40 g Weichweizengrieß
100 ml Milch (1,5 % Fett)
200 ml Wasser
2 TL Süßungsmittel nach Belieben, z. B. Honig
250 g gemischte Beeren, z. B. Himbeeren, Heidelbeeren, Johannisbeeren
200 g griechischer Naturjoghurt

1. Grieß, Milch, Wasser und Süßungsmittel in einem kleinen Topf gut vermischen, unter ständigem Rühren aufkochen, dann etwas abkühlen lassen.
2. Beeren waschen und abtrocknen.
3. Joghurt mit Grießbrei vermischen, auf 2 Portionen aufteilen und mit den Beeren genießen.

Tipps:
Den Grieß-Joghurt kann man auch mit anderen Früchten wie Äpfeln oder Weintrauben toppen und mit gemahlenen Haselnüssen, Mandelsplittern oder Minze garnieren.

Frozen-Mango-Joghurt

Ca. 5 Min.
Pro Portion: 166 kcal • 29,8 g KH • 6,7 g P • 2,2 g F

Zutaten

Für 2 Portionen

300 g TK-Mango in Stücken
200 g griechischer Joghurt
1 TL Süßungsmittel nach Belieben, z. B. Honig (optional)

Alle Zutaten in eine Küchenmaschine geben und mixen.

Tipps:

Mit frischen Minzblättern garnieren. Da Mangos schon sehr viel Süße mitbringen, ist die Zugabe von Süßungsmittel nicht nötig. Reste des Frozen Johgurt kann man einfrieren, sollte sie aber einige Minuten vor Verzehr aus dem Gefrierfach nehmen, damit sie weicher werden. Anstatt Mango kann man auch gefrorene Beeren wie Erd- oder Himbeeren verwenden.

Limetten-Mousse

Ca. 10–15 Min.
Pro Portion: 303 kcal • 18,5 g KH • 4 g P • 22,9 g F

Zutaten

Für 2 Portionen

150 g griechischer Joghurt, gut gekühlt
25 g Puderzucker
1 Prise Vanillepulver
1 (Bio-)Limette
100 g Schlagsahne, gut gekühlt

1. Joghurt, Puderzucker und Vanillepulver cremig aufschlagen.
2. Limette waschen, abtrocknen und halbieren. Eine Hälfte in Scheiben oder Stücke schneiden, von der anderen Hälfte die Schale abreiben und den Saft auspressen.
3. Limettensaft mit dem Joghurt verrühren.
4. Schlagsahne steif schlagen und unter die Joghurt-Mousse heben.
5. In 2 Dessertschälchen füllen und mit Limettenzesten bestreuen. Die restliche Limette kann zum Dekorieren verwendet werden.

Tipp:
Mit frischer Minze garnieren.

Erdbeer-Joghurt-Blitzeis

Ca. 5 Min.
Pro Portion: 234 kcal • 34 g KH • 7,4 g P • 5 g F

Zutaten

Für 1 Portion

1 reife Banane (ca. 100 g), in Stücken eingefroren
150 g TK-Erdbeeren
120 g Joghurt
1 Prise Vanillepulver

Alle Zutaten in eine Schüssel geben, pürieren und sofort genießen.

Tipp:
Anstatt Erdbeeren kann man zum Beispiel auch Himbeeren, Heidelbeeren oder Mango verwenden.

Schoko-Mandel-Nicecream

Ca. 5 Min.

Pro Portion: 213 kcal • 25,4 g KH • 5,5 g P • 8 g F

Zutaten

Für 1 Portion

1 reife Banane (ca. 120 g), in Stücken eingefroren
1 EL Mandelmus
2 TL Backkakaopulver

Alle Zutaten in eine Schüssel geben, pürieren und sofort genießen.

Tipp:
Mit gehackten Mandeln, Nüssen oder Mandelsplittern bestreuen.

Gebackene Banane

Ca. 15–20 Min.
Pro Portion: 367 kcal • 58,8 g KH • 6,5 g P • 10,4 g F

Zutaten

Für 2 Portionen

80 ml Milch
1 Prise Salz
1 Päckchen Vanillinzucker
80 g Mehl, z. B. Weizenmehl Type 405
1 TL Backpulver
1–2 EL Wasser
2 Bananen
2–3 EL Öl zum Ausbacken, z. B. Sonnenblumenöl oder Kokosöl

1. Milch, Salz und Vanillinzucker mit dem Schneebesen in einer Schüssel verquirlen.
2. Mehl mit Backpulver vermischen und nach und nach in die Milch einrühren. Falls der Teig zu dickflüssig ist, noch 1–2 EL Wasser hinzufügen.
3. Bananen schälen und in etwa 1,5 cm dicke Scheiben schneiden. Dann zur Teigmasse in die Schüssel geben und gut durchmischen, sodass die Bananen mit Teig bedeckt sind.
4. Öl in einer Pfanne erhitzen und die Hälfte der mit Teig ummantelten Bananenscheiben in der Pfanne rundherum goldbraun herausbraten. Aus der Pfanne nehmen. Zum Abtropfen auf eine doppelte Lage Küchenpapier geben und damit abtupfen.
5. Mit den restlichen Bananenscheiben ebenso verfahren.

Tipp:
Zum Verfeinern mit Honig, Agavendicksaft oder Ahornsirup beträufeln und mit Mandelplättchen bestreuen.

Waffeln

Ca. 15 Min.
Pro Stück: 155 kcal • 27,5 g KH • 5,6 g P • 4,1 g F

Zutaten

Für 4–6 Stück

1 Ei
100 ml Milch oder Pflanzendrink
1 Prise Salz
½ TL Zimt
1 Prise Vanillepulver
1 TL flüssiger Honig oder Süßungsmittel nach Belieben
120 g Mehl, z. B. Weizenmehl Type 405
1 TL Backpulver
100 g Apfelmark oder Apfelmus
Öl zum Fetten des Waffeleisens (z. B. Herzwaffeleisen)

1. Waffeleisen fetten und vorheizen.
2. Ei, Milch, Salz, Zimt, Vanillepulver und Honig verquirlen.
3. Restliche Zutaten hinzufügen und zu einem glatten Teig verrühren.
4. Je nach Größe des Waffeleisens jeweils ca. 2–3 EL Teig hineingeben. Die Waffeln nacheinander ausbacken. Nach jedem Backvorgang das Waffeleisen fetten.

Tipps:
Mit Puderzucker bestreuen. Dazu schmecken frische Beeren, Kompott oder Apfelmus.

Smoothie-Joghurt-Bowl

Ca. 10 Min.
Pro Portion: 244 kcal • 30 g KH • 7,8 g P • 8,4 g F

Zutaten

Für 2 Portionen

400 g Beeren gemischt, z. B. Himbeeren und Erdbeeren
1 Banane
150 g Joghurt, z. B. griechischer Naturjoghurt
2 EL Zitronensaft
2 EL Kokosraspel

1. Beeren putzen und waschen.
2. Banane schälen.
3. Ca. 100 g Beeren für die Deko zurücklegen, restliche Beeren, Banane, Joghurt und Zitronensaft pürieren.
4. Auf 2 Schälchen verteilen und mit Kokosraspel und Beeren belegen.

Tipps:
Auch lecker: Minzblätter oder einige Eiswürfel mitpürieren.

Tassenkuchen Brownie-Style

Ca. 10 Min.
Pro Portion: 361 kcal • 46,4 g KH • 7,4 g P • 15,1 g F

Zutaten

Für 1 Portion

- 3 EL Milch oder Pflanzendrink
- 1 EL neutrales Öl, z. B. Sonnenblumenöl
- 2 EL brauner Rohrzucker oder Süßungsmittel nach Belieben, z. B. Zucker, Erythrit
- 1 ½ EL Backkakaopulver
- 1 Prise Salz
- 1 Prise Vanillepulver
- 3 EL Mehl, z. B. Weizenmehl Type 405
- 1 Msp. Backpulver
- 1 TL Schokotropfen oder Schokolade, gehackt (optional)

1. Milch, Öl, Zucker, Kakao, Salz und Vanillepulver in eine Tasse geben und mit einer Gabel verquirlen.
2. Mehl und Backpulver hinzufügen und gut unterrühren. Schokotropfen, falls verwendet, auf den Teig geben.
3. Für 1 Min. bei 800 Watt in die Mikrowelle geben. Herausnehmen und mittels Stäbchenprobe testen, ob der Tassenbrownie schon fertig ist. Wenn kein Teig mehr am Stäbchen klebt, ist er durchgegart. Wenn noch Teigreste daran hängen, nochmals für 10–30 Sek. in die Mikrowelle geben. Danach 5 Min. abkühlen lassen.

Tipps:

Zum Süßen ½ reife Banane anstatt des Rohrzuckers unterrühren. Man kann auch mehrere Brownies im Ofen backen: Dazu jeweils eine Portion in eine backofenfeste Form, zum Beispiel eine Souffléform, geben und bei 180 °C Umluft 12–15 Min. backen.

Aufstriche und Dips

Ajvar-Dip

Ca. 5 Min.
Pro Portion: 164 kcal • 2,6 g KH • 5,6 g P • 14,5 g F

Zutaten

Für ca. 2 Portionen

1 Knoblauchzehe
50 g Feta/Schafskäse
100 g Frischkäse
20 g Ajvar
Salz, Pfeffer
1 Prise edelsüßes oder rosenscharfes Paprikapulver

1. Knoblauchzehe schälen.
2. Alle Zutaten in eine Schüssel geben und cremig pürieren.
3. Mit Salz, Pfeffer und Paprikapulver abschmecken.

Tipps:
Schmeckt als Dip zu Gemüse oder als Brotaufstrich. Auch lecker: Frische Kräuter hacken, zum Beispiel Dill oder Petersilie, und den Ajvar-Dip damit bestreuen. Oder Paprika fein würfeln und mit einrühren.

Avocado-Dip

Ca. 5 Min.
Pro Portion: 182 kcal • 0,6 g KH • 1,6 g P • 19 g F

Zutaten

Für 2 Portionen

1 kleine Avocado
(ca. 160 g Fruchtfleisch)
1 Knoblauchzehe
Saft von ½ Limette
Salz, Pfeffer

1. Avocado halbieren, Kern entfernen, das Fruchtfleisch mit einem Löffel aus der Schale heben und in eine Schüssel geben.
2. Knoblauch schälen und hinzupressen.
3. Alle Zutaten mit der Gabel zerdrücken und cremig pürieren. Mit Salz und Pfeffer abschmecken.

Tipp:
Nach Belieben frische Kräuter wie Petersilie oder Basilikum hacken und untermengen.

Weisse-Bohnen-Dip

Ca. 5–10 Min.
Pro Portion: 152 kcal • 18,7 g KH • 9,6 g P • 4,1 g F

Zutaten

Für 2 Portionen

1 Glas gekochte weiße Bohnen (ca. 240 g Abtropfgewicht)
1 Knoblauchzehe
1 EL Tahin/Sesammus oder Cashewmus
1 EL Zitronensaft
Salz, Pfeffer
½ Bund Petersilie
1 Prise gemahlener Kreuzkümmel

1. Weiße Bohnen in ein Sieb geben, mit Wasser durchspülen und abtropfen lassen.
2. Knoblauch schälen.
3. Bohnen mit Knoblauch, Tahin, Zitronensaft, Salz und Pfeffer pürieren. Bei Bedarf noch 1–2 EL Wasser hinzufügen für eine cremigere Masse.
4. Petersilie waschen, trocken schütteln und fein hacken. Dann unter den Bohnendip mischen und mit Salz, Pfeffer und Kreuzkümmel abschmecken.

Tipp:
Nach Belieben frische Kräuter wie Petersilie oder Basilikum hacken und untermengen.

Joghurt-Kräuter-Dip

Ca. 5 Min.
Pro Portion: 152 kcal • 5,9 g KH • 4,5 g P • 11,8 g F

Zutaten

Für 2 Portionen

½ Bund Dill oder Kräuter nach Belieben, z. B. Petersilie, Basilikum
1 EL Zitronensaft oder Essig
1 Knoblauchzehe
250 g griechischer Joghurt
Salz, Pfeffer

1. Kräuter waschen, trocken schütteln und fein hacken.
2. Dann alle Zutaten vermengen und mit Salz und Pfeffer abschmecken.

Tipp:
Auch lecker: Paprika fein würfeln und unter den Dip mischen.

Über die Autorin

Veronika Pichl ist Autorin zahlreicher Kochbücher und Ratgeber. Mit ihren Büchern und ihrem Blog-Magazin »Happy-FitFood – Gesunde Ernährung mit Fun-Faktor« möchte sie ihre Leser zu einem gesünderen und glücklicheren Leben inspirieren. Im riva Verlag sind bereits viele erfolgreiche Bücher von ihr erschienen. Sie lebt mit ihrem Mann und ihren beiden Kindern im schönen Mittelfranken. Mehr Infos zur Autorin und ihren Büchern findest du auf **www.veronikapichl.de**. Im Blog-Magazin von Veronika Pichl auf **www.happyfitfood.de** erscheinen regelmäßig leckere Rezepte, Meal-Prep- und Lunchbox-Ideen. Außerdem gibt es wissenswerte Beiträge, um mehr Bewegung in den Alltag zu bringen und Kilos zu verlieren, aber auch Tipps, um seine Ziele zu erreichen – für eine nachhaltige Lebensweise und mehr Zufriedenheit im Leben.

Bonusmaterial zum Buch

Auf **happyfitfood.de/keinelustzukoche**n habe ich dir weitere Tipps und hilfreiche Downloads rund um die schnelle Küche zusammengestellt. Du findest dort zum Beispiel eine Checkliste mit Basiszutaten für den Vorrat, Ideen für schnelle Snacks, Meal-Prep-Rezepte für den Imbiss to go sowie eine Wochenplanvorlage für deine Mahlzeiten und deinen Lebensmitteleinkauf.

Herzliche Grüße
Veronika Pichl

Zutatenregister

Bildnachweis

Shutterstock.com
S. 5 oben + S. 20: aylin celikel; S. 5 unten + S. 37 rechts oben + S. 46: Aeril; S 6 unten + S. 87 rechts oben + S. 91: Juefrateam; S. 7 oben + S. 108: stockcreations; S. 7 unten + S. 131 links oben + S. 147: Dream79; S. 8 Mitte + 131 rechts unten + S. 159: Gosia Zet; S. 8 unten + S. 161 rechts unten + S. 163: Ryzhkov Photography; S. 9: VICUSCH-KA; S. 10: Rimma Bondarenko; S. 12: Master1305; S. 13: Natalya Saf; S. 14: Pixel-Shot; S. 15 oben: Niko Natsuki; S. 15 unten: VI Studio; S. 17: Tobias Kraus; S. 19 links oben + S. 32: Espen Helland; S. 19 rechts oben + S. 21: margouillat photo; S. 19 links unten + S. 23: Lourdes Davalos; S. 19 rechts unten + S. 36: Anna Puzatykh; S. 37 links oben + S. 41: hadasit; S. 37 links unten + S. 45: Ildi Papp; S. 37 rechts unten + S. 60: Dani Vincek; S. 49: Irina Rostokina; S. 50: Agnes Kantaruk; S. 58: Anna Shepulova; S. 61 links oben + S. S. 64: Lisa Holmen Photography; S. 61 rechts oben + S. 75: Kiian Oksana; S. 61 links unten + S. S. 63: Nina Firsova; 61 rechts unten + S. 79: Elena Hramova; S. 68: Katrins-hine; S. 71: alpenkoch; S. 83: DronG; S. 86: A_Lein; S. 87 links oben + S. 99: stockcrea-tions; S. 87 links unten + S. 92: AS Foodstudio; S. 87 rechts unten + S. 100: Liliya Kan-drashevich; S. 89: Nina Firsova; S. 102: Radu Sebastian; S. 103: MariaKovaleva; S. 105: Natalia Klenova; S. 106: FoodAndPhoto; S. 109: Slawomir Fajer; S. 112: Olga Pishchuli-na; S. 114: KarepaStock; S. 115 links oben + S. 122: Kiian Oksana; S. 115 rechts oben + S. 117: A. Zhuravleva; S. 115 links unten + S. 129: Vladislav Noseek; S. 115 rechts unten + S. 130: kuvona; S. 131 rechts oben + S. 151: flanovais; S. 131 links unten + S. 144: val-kyrielynn; S. 132: Marie Sonmez Photography; S. 135: Viktory Panchenko; S. 145: Fasci-nadora; S. 160: Brent Hofacker; S. 171: Followtheflow;

Stephanie Just:
S. 5 Mitte + S. 28; S. 6 oben + S. 53; S. 6 Mitte + S. 80; S. 7 Mitte + S. 125; S. 8 oben + S. 155; S. 24; S. 27; S. 31; S. 35; S. 38; S. 42; S. 53; S. 54; S. 57; S. 67; S. 72; S. 76; S. 84; S. 95; S. 96; S. 111; S. 118; S. 121; S. 125; S. 126; S. 136; S. 136, S. 138; S. 139; S. 141; S. 142; S. 148; S. 152, S. 153, S. 155; S. 156, S. 161 links oben + S. 168; S. 161 links un-ten + S. 164; S. 161 rechts oben + S. 167;

160 Seiten
18,00 € (D) | 18,60 € (A)
ISBN: 978-3-7423-2379-8

Veronika Pichl

Die Clever-Küche: 100 % Geschmack – 0 % Lebensmittelverschwendung

Smarte Tipps und über 100 nachhaltige Rezepte

Maximal kochen, minimal wegwerfen

Reste vom Vortag, Äpfel mit Dellen, überreife Bananen, schrumpelige Karotten oder trockene Brötchen landen oft achtlos im Müll. Doch Lebensmittel sind wertvoll. Wir sollten sie mehr schätzen, nachhaltig verwerten und nicht verschwenden. Mit angeschlagenem Obst oder altem Brot lassen sich viele Köstlichkeiten kochen und backen! Das schmeckt und schont den Geldbeutel und die Umwelt. Dieses umfangreiche Buch gibt praktische Tipps, wie man Lebensmittelverschwendung von vornherein minimiert, indem man Mahlzeiten plant, clever einkauft und Lebensmittel richtig lagert. Es zeigt, wie man erkennt, ob Lebensmittel noch genießbar sind, wie man einige sogar wieder auffrischen kann und wie man größere Mengen von Obst und Gemüse länger haltbar macht. Dazu gibt es über 100 vielseitige Rezepte für Altbackenes, Überreifes und Übriggebliebenes. So einfach geht nachhaltig, gesund, günstig und vor allem lecker essen!

riva